Saskia Schottelius

Do – Der Weg zur inneren MeisterIn

KampfkunstPhilosophie fürs Leben

tao.de

1. Auflage 2015

Herausgeber: Chikara – Frauen in Bewegung e. V., www.chikara-frauen.de

Autorin: Saskia Schottelius, www.saskia-schottelius.de

Lektorat: Ursula Kohler, www.ursulakohler.ch

Korrektorat: Brigitte Luithlen-Neumann

Layout: Gudrun Westphal, www.westphal-design.de

Umschlagfoto Portrait: Thekla Meusel, www.theklameusel.de

Titel-Kalligraphie: Saskia Schottellius

Illustrationen: Antje Meister, www.antje-meister.de

Printed in Germany

Verlag: tao.de in J. Kamphausen Mediengruppe GmbH, Bielefeld

978-3-95802-286-7 (Paperback)

978-3-95802-287-4 (Hardcover)

978-3-95802-288-1 (e-Book)

Saskia Schottelius

Do – Der Weg zur inneren MeisterIn

KampfkunstPhilosophie fürs Leben

tao.de

Inhalt

Vorwort

Die Schülerin fragte ihre Meisterin: »Sensei, ich kann den Weg nicht erkennen, wo ist der Weg?« Diese antwortete: »Der Weg ist unter deinen Füßen.«
So einfach und schlicht wie diese asiatische Anekdote kann fernöstliche Philosophie den Weg weisen.

Als ich Saskia Schottelius Ende der 90er Jahre kennenlernte, ahnte ich nicht, dass sie mich auf den Weg der Kampfkunst führen würde. Wir waren Kolleginnen in einer Bildungseinrichtung, ich war ein sehr theoretisch orientierter Mensch und eine fernöstliche Weglehre schien mir als Studienobjekt interessant, aber praktische Ausübung lag mir fern. Doch im Laufe der Zeit entwickelte sich für mich »Chikara«, die Schule, in der ich zuerst Tai Chi und dann Karate lernte, zu einem besonderen Ort, in dem ich nicht nur meine Gesundheit pflegen, sondern auch meinen Geist entwickeln und stärken konnte.

Dieses Jahr wird »Chikara« 20 Jahre alt und hat viele Frauen, Kinder und Jugendliche und auch mich auf vielseitige Weise bewegt. Ich freue mich über das Geschenk, das uns Sensei Saskia Schottelius mit diesem Buch überreicht hat. Denn was wir auf dem Kampfkunstweg erleben und erkennen, ist nur schwer in Worte zu fassen, und doch – auch ohne Karatepraxis – durch dieses Buch gut mitzuvollziehen. Sie werden von der Autorin eingeladen, mit einer offenen Geisteshaltung das Hier und Jetzt wahrzunehmen. Über die Lehre des Kampfes und der mit diesem verbundenen Geschichte hinaus werden Sie auf eine Reise ins Innere geführt.
Jede Gemütsregung, jede Eigenheit, alles, was uns als Persönlichkeit ausmacht, spiegelt sich in einem Dojo (Ort des Weges). Körper, Geist und Seele in Einklang bringen heißt Loslassen können. Es kann nur gelingen durch Ruhe und Gelassenheit, erfahren wir. Kraft und Stärke entstehen durch Distanz von geistiger Anstrengung und durch Konzentration auf das Wesentliche. Die positive Erfahrung, die wir im Dojo machen, wirkt in alle Lebensbereiche hinein. Dabei ist die Kampfkunst nur eine von vielen Möglichkeiten, denn – das macht dieses Buch deutlich – es gibt viele Wege, um unser Bewusstsein zu schärfen und zu

entwickeln. Zentral ist allen die »Achtsamkeit in Sprache, in Bewegung« - das Hauptanliegen, dem Saskia Schottelius in ihrer gesamten Arbeit folgt.

Dieses philosophische, informative wie auch ganz persönliche Buch macht Mut, die inneren Kräfte (»Chikara«) zu entwickeln und eigene Wege zu gehen. Es öffnet den Blick für die Freiheit, sich geistig, emotional und körperlich mit dem Ganzen unserer gelebten Wirklichkeit zu verbinden. In diesem Sinne wünsche ich Ihnen Klarheit, Freude, Inspiration und – eine Kirschblüte auf Ihrem »Weg zur/m inneren MeisterIn«, Ihre

Dr. phil. Ira Stubbe-Diarra
Geschäftsführerin von Chikara – Frauen in Bewegung e. V.
Im Mai 2015

Willkommen![1]

Sie möchten eine Kampfkunst erlernen? Oder wenigstens wissen, womit Sie es dabei zu tun haben könnten? Dann seien Sie willkommen in meinem Dojo, meiner Karateschule Chikara, und lassen Sie sich heranführen von mir in die Welt der Kampfkunst – und was sie alles bedeuten kann.
Dieses Buch wendet sich an alle, die eine Kampfkunst trainieren und/ oder unterrichten (möchten) oder sich auf dem Weg dorthin befinden. Es wendet sich auch an alle Interessierten, die über die Philosophie der Weglehre näher zu sich selbst finden und ihre Persönlichkeit weiterentwickeln möchten.
Dabei geht es zum einen ganz praktisch um Techniken und Grundgedanken in einer Kampfkunstschule und gleichzeitig um geistige Inspirationen, also wörtlich »Einatmungen« von spiritueller Kraft. Wir blicken von der Praxis des Stockkampfes und der Sitzordnung im Dojo bis hin zu den wesentlichen philosophischen Fragen und Gedanken zu Freiheit, Verbundenheit, Zeit, Raum, Körper, Substanz und Tod – um nur einige zu nennen.

Für mich als Sensei, also wörtlich diejenige, die den Weg vorausgeht, beschreibt »Do« (jap.: der Weg) auch die Stationen und Dimensionen meines eigenen Kampfkunstweges der vergangenen 20 Jahre. Als ich zum ersten Mal meinen Fuß in die Bonner Frauenkarateschule setzte, war ich so fasziniert, dass ich schon kurz darauf meinem Leben eine neue Richtung gab: Als aussichtsreiche Nachwuchswissenschaftlerin mit einer gut gesicherten Karriere begab ich mich barfuß auf den Weg intensiven Karate-Trainings und begann mit 31 Jahren als »Weißgurt« noch einmal von vorne. Was ich auf diesem fortschreitenden Weg der ganz anderen Art erlebte und erlernte, und warum mir dies mehr bedeutete als Sicherheit, materieller Erfolg und Ruhm … – auch davon handelt dieses Buch: nämlich nicht nur den Schwarzen Gürtel zu tragen, sondern wirklich ein/e Sensei zu sein.
Aber das ist ein langer, intensiver Weg. Vielleicht genügt es Ihnen ja, einfach einmal in Gedanken durch eine fernöstliche Schule zu spazieren, mit ihren

1 Veröffentlichungen einer Ratgeber-Reihe werden in erster Linie von Frauen gelesen. Deshalb verwende ich überwiegend die weibliche Form sowie gendersensible Sprache und eigene Kreationen. Männer sind dabei fast immer mitgemeint.

Geschichten, ihren Gesichtern und einer Weisheit, die uns oft staunen macht. Dann lassen Sie sich ein auf eine andere Sicht der Dinge und der Welt, die zugleich kämpferisch und friedliebend ist, tief schöpfend aus buddhistischer Quelle und holistischer Inspiration, und die trotz aller Fremdheit in der Unio mystica vom »Alles ist eins« mündet.

1

Chikara – Alternative: Kampfkunst. Kampfkunst ist Lebenskunst

Wat Na Phra Larn. Jahreszählung nach dem buddhistischen Kalender

2555

Ich schreibe dieses Buch in einer Zeit, die ich mir als Auszeit gegönnt habe und die ich in einer sehr kleinen thailändischen Hütte neben einem Tempel am Meer verbringe. Jeden Tag gestalte ich den Innenraum dieser Hütte ein wenig anders, um es mir noch komfortabler zu machen. Mal schiebe ich den Koffer auf die andere Seite, um den kleinen Gang frei zu bekommen, mal hänge ich die Wäscheleine in einen günstigeren Winkel zum Ventilator, und schließlich organisiere ich noch ein Mückennetz für die Tür. So wird langsam alles immer praktischer und besser. Und dann denke ich: Es ist doch eigentlich »wie im echten Leben«. Wenn am Ende alles perfekt ist, dann müssen wir gehen.
Gespiegelt in einem tibetischen Mandala aus Sand, das nach monatelanger Mühe und Hingabe wieder vom Erdboden weggewischt wird.

Haben Sie schon einmal darüber nachgedacht, wie es für Sie persönlich sein würde, ein/e LebenskünstlerIn zu sein? Wie genau könnte das aussehen? Was wären Ihre kühnsten Fantasien? Würden Sie aussteigen, und wenn ja, woraus? Oder würden Sie sich mehr einlassen, und wenn ja, wie und auf wen oder was? Was bedeutet es für Sie, das Leben als Kunstwerk zu gestalten und zu genießen? Nehmen Sie sich einen Augenblick Zeit, nur drei Atemzüge, und hören Sie kurz in sich hinein …

das Leben als Kunstwerk gestalten und genießen

Ganz gleich, was sich nun für Bilder auftun, wovon wir frei sein oder womit wir uns lieber beschäftigen möchten – im Grunde kommt es immer darauf zurück: Mit wie viel Hingabe widmen wir uns den Dingen, wie intensiv lieben wir auf die eine oder andere Art, was wir tun und mit wem wir uns umgeben, und wie gut haben wir das Loslassen gelernt. Die Einsichten dazu sind scheinbar leicht zu gewinnen: Wir können sie durch Zuhören oder Lesen oder durch Reflexion eigener Erfahrungen erhalten. Aber das Umsetzen ist sehr schwer. Wenn es uns gelingt, uns als Persönlichkeit so weiterzuentwickeln, dass wir zugleich der Unschuld eines Kindes und der Weisheit einer in Würde gealterten Person nahekommen, ist das Lebenskunst. Sie wird uns mit mehr Leichtigkeit durch unser kurzes Dasein tragen.

»Martial Art, like any other art, is an expression of the human being«, so Bruce Lee: Kampfkunst ist, wie jede andere Kunst, eine Ausdrucksform des Menschen. Kampfkunst ist ein Weg, die Ideale der Lebenskunst nicht nur theoretisch,

sondern in ihrer ganzen Körperlichkeit des Daseins zu erfassen und im Alltag umzusetzen. Kampfkunst kann uns ganz real lehren, worauf es im Zweifelsfall ankommt – und zwar nicht, wie viele meinen, durch ihr kämpferisches Potenzial, sondern durch die buddhistisch inspirierte Weglehre, die sich dahinter verbirgt. Das Kämpfen ist eine der wesentlichen menschlichen und tierischen Formen der Auseinandersetzung mit der eigenen Existenz. Der »Überlebenskampf« ist dabei nur die stärkste Ausprägung und kann sehr unterschiedliche Formen annehmen. Zum Beispiel als Kampf um Nahrungssuche in der Natur. Oder als Kampf gegen eine Krankheit. Der Krieg ist die extremste Form menschlichen Massenkämpfens und am weitesten von den natürlichen Grundprinzipien des fairen Kämpfens entfernt.
Beziehen wir aber das Kämpfen auf die täglichen Auseinandersetzungen und Fragestellungen in unserem Lebensumfeld, so können wir aus den Grundmechanismen der »Martial Arts«, der Kriegskünste[2], Einsichten gewinnen, die uns in Einklang und Frieden mit uns selbst und anderen bringen. Durch die »Alternative Kampfkunst« entwickelt sich Chikara, die innere Kraft.

Leben heißt, in Auseinandersetzung zu sein – im Alltag, im Beruf, in der Freizeit und in der Familie. Vor allem aber ist Leben die permanente Auseinandersetzung mit sich selbst, mit dem Ego. Das Ego ist wichtig und verleiht unserem Dasein eine eigene Perspektive, die »individuelle Welttheorie«[3], wie es in der Kommunikationsforschung genannt wird. Sie verhilft uns, die Dinge aus einem bestimmten Winkel zu betrachten und nicht überfordert zu sein ob der gesammelten, aber zum Glück ungesehenen Möglichkeiten, die uns umgeben. Das ist unsere Ego-Zentrik. Auf der anderen Seite dürfen wir uns das Ego aber beispielsweise auch als kleinen Nikotinteufel vorstellen – und alle (Ex)-RaucherInnen wissen jetzt, wovon ich rede –, der mit seinen permanenten Einflüsterungen nur darauf bedacht ist, unsere Sucht zu erhalten. Obwohl es so scheint, als würde das Nikotin helfen (beruhigen, trösten, ermutigen und so weiter), ist genau das Gegenteil der Fall: Ein im Grunde imaginärer Mangel wird dadurch

2 Benannt nach dem Kriegsgott Mars.

3 Ungeheuer, Gerold: Kommunikationstheoretische Schriften I, Aachen 1987.

befriedigt, dass die Sucht weiter aufgebaut wird. Und in diesem Moment größter Abhängigkeit glauben wir die höchste Freiheit zu erleben.

Aber zurück zum Ego: Es dürstet nach Anerkennung, Aufmerksamkeit, Einmaligkeit, Befriedigung und Konsum und lässt uns dennoch leer ausgehen. Manchmal führt es uns sogar über die Grenzen der eigenen Möglichkeiten, zum Beispiel bis zum Burn-out, oder über die Grenzen anderer Menschen hinweg, bis zur Egomanie[4]. Wenn wir uns aber genügend darum bemühen, hat es gute Chancen, sich in etwas anderes zu verwandeln: in Weisheit mit gesundem Eigensinn. Zu einer solchen Entwicklung kann uns die Kampfkunst und auch jede andere Weglehre verhelfen.

Oft geschieht dies zur Lebensmitte hin: Wir beginnen, uns zu besinnen.[5] Wer nicht so lange warten möchte, dem sei empfohlen, sich schon früher mit einer der vielen Wegkünste zu befassen, die sich nach uralten Prinzipien gestalten. Das kann das indische Yoga sein, das chinesische Tai Chi oder Kung Fu oder eine der japanischen Wegkünste wie Karate, der Weg der leeren Hand, Chado, der Teeweg, Kyudo, der Weg des Bogenschießens, oder Ikebana beziehungsweise Kado, die Kunst des Blumensteckens. Überall dort, wo über die darstellende Kunst einer Form, einer Anordnung oder Bewegung hinaus auch der philosophische Hintergrund beleuchtet wird, handelt es sich um eine Art von Do. So kann Kampfkunst zu Philosophie durch Körperarbeit werden. Achtsamkeit in Bewegung.

Achtsamkeit in Bewegung

Das muss allerdings nicht zwangsläufig passieren. Viele trainieren aus sportlichen, gesundheitlichen oder geselligen Gründen. Das ist völlig in Ordnung. Manchmal ergeben sich ganz nebenbei Entwicklungen in der Persönlichkeit. Meist lassen sie sich sogar gut benennen – vor allem rückblickend. Dann heißt es oft: »Seitdem ich Karate trainiere, bin ich insgesamt viel selbstbewusster/gelassener/zufriedener/ausgeglichener und so weiter geworden.« Vor allem bei

4 Eine besonders ausgeprägte Form des Egoismus findet sich im sogenannten »Egotismus«, der im Narzissmus gipfeln kann. Die Egomanie (Ichsucht) beschreibt einen Zustand krankhafter Selbstbezogenheit.

5 Nach Clarissa Pinkola Estés, die sich auf Carl G. Jung bezieht, tritt eine Verwandlung zur Lebensmitte sogar fast von selbst ein: »Ungeachtet seiner Nützlichkeit und seines Werts in bestimmten Angelegenheiten ist nicht das Ego dazu bestimmt, die beherrschende und treibende Kraft der Psyche zu sein, sondern die Seele, der Geist. Eben deshalb schlägt das große Schiff der Psyche in der Lebensmitte eine neue Richtung ein – weg von der Führerschaft des Ego und hin zum Leben von Seele und Geist im *hieros gamos*; von da an übernehmen sie die Führung.« Estés, Clarissa Pinkola: Der Tanz der großen Mutter. S. 104, Anm. 3; Anm. der Verfasserin: *hieros gamos* (gr.) wird übersetzt mit »heilige Hochzeit«.

Kindern lässt sich das beobachten und einordnen, wenn sie, was oft passiert, zeitgleich in der Schule »besser« werden. In vielen Fällen wird im Nachhinein deutlich, woran jemand »gearbeitet« hat, zum Beispiel im Kampf gegen Bequemlichkeit, zu großen Ehrgeiz, Selbstaufgabe, Minderwertigkeitsgefühle oder anderes.

Die Vermittlung von Kampfkunst ist mehr als ein Sport-Training und gleichzeitig soll sie doch nicht mehr sein wollen. So betone ich gerne immer wieder: »Ich bin nur Karatetrainerin« oder »Wir trainieren hier nur Karate«. Das ist wichtig, da sonst die Gefahr des Psychologisierens besteht und die SchülerInnen sich in ihren Worten und Gedanken verlieren, anstatt zu agieren.

Der Do als Weg der Selbstvervollkommnung öffnet sich langsam, aber von selbst

Der Do als Weg der Selbstvervollkommnung öffnet sich langsam, aber von selbst. Dies geschieht über die gelebte Praxis der Dojokun oder Dojo-Etikette[6] in Form von Respekt, Toleranz, Achtsamkeit, Hingabe, Aufmerksamkeit, Liebe und Demut. Das Feld von ethischen Grundsätzen begleitet die Karateka auf unmerkliche Art und strahlt über das Dojo hinaus. Wer noch nicht bereit ist für diese Erfahrung, wird vielleicht ein gutes körperliches Training in Fitness wie Selbstverteidigung erleben. Wer aber offen ist für den Weg, wird all dies spüren und erkennen und möglicherweise das Dojo selbst als Mikrokosmos begreifen, in dem alles enthalten ist und alles gespiegelt wird, damit wir darin üben können.

6 Regeln in einer Do-Gemeinschaft.

Der wahre Weg

Ein Schüler des Zen kommt zu Zen-Meister Nansen und fragt ihn: »Was ist der wahre Weg?« Der Meister erwidert: »Der alltägliche Weg ist der wahre Weg.« Wiederum fragt der Schüler: »Kann man den Weg erlernen?« Der Meister antwortet: »Je mehr du lernst, desto weiter kommst du vom Weg ab.« Darauf fragt der Schüler: »Wenn man dem Weg nicht durch Lernen näherkommen kann, wie kann man ihn dann erkennen?« Meister Nansen spricht: »Der Weg ist kein sichtbares Ding. Er ist auch kein unsichtbares Ding. Er ist nichts Erkennbares und auch nichts Unerkennbares. Suche ihn nicht, lerne ihn nicht, nenne ihn nicht. Sei weit offen wie der Himmel, und du bist auf dem Weg.« [7]

Lassen Sie mich kurz erzählen, welchen Karatestil Sie in diesem Buch – gedanklich – kennenlernen werden und in welcher Schule Sie sich bei Chikara befinden.

7 Zen-Meister Nansen, aus: Wolfgang Kopp: Zen. Jenseits aller Worte. Ansata Verlag 1993.

Shuri-ryu-Karate trifft Chikara. Eine Shuri-Geschichte über »Alternative Kampfkunst«

Der Zweite Weltkrieg, in den noch mein eigener Vater als junger Soldat in den Kampf zog, brachte je nach Lebensraum völlig unterschiedliche Schicksale hervor. Etwa zur gleichen Zeit, als mein Vater in Russland im Lazarett schwer verwundet um sein Leben kämpfte, wurde ein ebenfalls junger Soldat desselben Jahrgangs zum Kampf gegen die Japaner auf die Salomon Islands geschickt. Robert Trias, ein Mittelgewicht-US-Box-Champion, lernte dort den chinesischen Zen-Meister Tung Gee Hsing kennen, der ihn in traditionellen chinesischen Kampfkünsten und Okinawan Shuri-Te nach Choki Motobu unterrichtete.[8]

Trias kehrte reich belehrt und erfahren in die USA zurück, wo er 1946 die erste amerikanische Karateschule und 1948 den ersten amerikanischen Karateverband gründete. Sein Stil war eine Zusammensetzung aus mehreren traditionell-japanischen Richtungen, und so fügte er die schönsten Katas und Anwendungen für inzwischen weltweit Trainierende zusammen und nannte es Shuri-ryu-Karate[9]. In seinem »Pinnacle of karate do«[10] finden sich zahlreiche Fotos von ihm, dem »Grandmaster des Shuri ryu«, gemeinsam mit vielen Koryphäen der asiatischen Kampfkünste, die illustrieren, wie sehr er auch später dazu beigetragen hat, seinen Stil auf der ganzen Welt zu verbreiten. Teil dieses Unternehmens war auch sein einziges Kind, seine Tochter Roberta[11], die schon im Alter von vier Jahren mit dem harten Training begann und mit 18 Jahren die erste Frau war, die einen schwarzen Gürtel im Shuri-ryu-Karate errang.

Damit kam der Moment, in dem die bis hierhin nahtlos männliche Tradition der Überlieferung durchbrochen wurde: Auch eine andere Kampfkünstlerin, Wendi, die ihren Familiennamen aus persönlichen Gründen ablehnte und sich selbst »Dragonfire« nannte, lernte bei Robert Trias Shuri-ryu-Karate und

8 Amüsant und informativ die Anekdote vom ersten Kennenlernen, in der Trias' Überheblichkeit als Boxer durch fernöstliche Kampfkunst enorm gedämpft wird. The hard way to find a teacher. In: Peterson, Susan: Legends of the Martial Arts Masters, 2003, S. 25–28.

9 Einmal nach der ehemaligen Hauptstadt Okinawas benannt (Shuri), außerdem aus den Zusammensetzungen Shu und Ri für »schön und graziös«, und schließlich als Hinweis auf die Lehre des Shu Ha Ri, eines Dreistufen-Modells in der Kampfkunst-Philosophie: Lernen von Tradition, Übersteigen von Kenntnis, Erreichen von Transzendenz.

10 Trias, Robert A.: The Pinnacle of Karate, Final Advanced Edition, Okinawan Karate Methods of Shuri-ryu, USA 1980.

11 Über ihre Mutter konnte ich bei meinen Recherchen bezeichnenderweise nichts herausfinden.

gründete eine der ersten Frauenkampfkunstschulen in den USA, das Valley Women's Martial Arts Dojo, in Northampton, Massachusetts. Der Kampf, der von nun an ebenfalls in die Welt getragen wurde, war ein Kampf gegen sexualisierte Gewalt, Missbrauch, Unterdrückung und Benachteiligung von Frauen. Eine große Welle weiblicher Trainierender engagierte sich seit den späten 60er Jahren für ein freies, selbstbestimmtes Leben von Frauen, die sich nicht länger durch körperliche Gewalt bezwingen und zurückhalten ließen. Sie begründeten den Women do (Wendo), den Weg der Frauen, und passten die Kampfkünste an ihre Bedürfnisse an.

Es war die Zeit, in der meine eigene Mutter noch die Erlaubnis meines Vaters brauchte, um eine Arbeit annehmen zu dürfen oder eine Wohnung anmieten zu können. Die Zeit, in der es keine Frauenhäuser gab, in denen die jungen Mütter Schutz finden konnten, die von ihren kriegstraumatisierten, gewalttätigen Männern zu Grunde gerichtet wurden. Es war auch die finstere Zeit meiner eigenen Kindheit und Jugend, die ich in dauerhafter Angst und nicht endendem Schmerz verbrachte.[12]

Wendi Dragonfire ist es zu verdanken, dass Shuri-ryu-Karate zu einer »alternativen« Kampfkunst wurde, zu einer echten »Alternative: Kampfkunst« für Frauen. Sie bewahrte die ästhetischen Elemente (vor allem in den Katas) und den philosophischen Hintergrund der Lehre und fügte ihr pragmatische Bestandteile hinzu: Trittkombinationen, Greifverteidigungen, Straßenkampf und mehr. Außerdem förderte sie ein frühes Waffentraining durch die Hinzunahme von Modern Arnis, dem philippinischen Stockkampf.

Mit ihrem Schritt nach Europa (in die Niederlande) eröffnete sie zeitgleich eine weitere »Alternative«: Shuri-ryu-Karate für Menschen mit anderen Möglichkeiten, in Deutschland: sogenannten Behinderungen. Bis heute legt Shuri-Ryu Berlin den Schwerpunkt der Arbeit auf die Förderung von integrativem Karate – lange bevor diese Möglichkeit in den Standard-Karateschulen angedacht wurde. Als Wendi Dragonfire die erste Frau im Rollstuhl zum Schwarzgurt brachte, schaffte sie einen ganz neuen Karate-Weg. Ihre Schülerin Lydia Zijdel repräsentiert das Unglaubliche: Sie nimmt an verschiedenen Wettkämpfen teil,

12 Über die direkten und indirekten Folgen des Zweiten Weltkrieges für die Kriegs-, Nachkriegs- und Kriegsenkel-Generation siehe die hervorragenden Veröffentlichungen von Sabine Bode: Die vergessene Generation. Die Kriegskinder brechen ihr Schweigen. Mit einem Nachwort von Luise Reddemann. Klett-Cotta 2004. Dies.: Kriegsenkel. Die Erben der vergessenen Generation. Klett-Cotta 2009.

unterrichtet auf der ganzen Welt Selbstverteidigung und Karate für Menschen mit zum Teil sehr schweren Behinderungen und bildet TrainerInnen aus. Damit signalisiert sie, dass alles möglich ist: auch mit Querschnittslähmung das Karate-Training zu beginnen und sogar im Rollstuhl um die ganze Welt zu reisen. Als ich 2002, von meiner eigenen Rückenoperation sehr geschwächt, zu einem großen Wettkampf nach Sydney reiste, traf ich sie bei ihren Vorbereitungen zum Marathon-»Lauf«. Heute ist die niederländische Psychotherapeutin und Soziologin Lydia La Rivière-Zijdel Präsidentin der »Europäischen Frauenlobby«.[13]
Und dann trifft Shuri-ryu-Karate Chikara! Die Verbindung zwischen der Trias-Linie und der Dragonfire-Spirale[14] schafft Drs. (NL) Marga Smit aus Den Haag. Sie hat feministische Theologie studiert und unterrichtet jeden Sonntag auf Einladung einer kleinen Gruppe von engagierten Frauen in einer Bonner Turnhalle Shuri-ryu-Karate, wie sie es bei Wendi gelernt hat. Als wir uns 1994 begegnen, ist für mich sofort klar, dass ich meinen Lebensweg als Sprachwissenschaftlerin und Literaturreferentin noch einmal modifiziere, um von da an einer weiteren Berufung zu folgen. 1995 gründet Marga Smit mit mir an der Seite das »Frauenbewegungszentrum Chikara« in der Bonner Innenstadt, aus dem 1997 der Verein »Chikara-Frauen in Bewegung« entsteht, dem ich seit der Gründung vorsitze. In meinen 7 Jahren bis zum Schwarzgurt darf ich so viel von meiner »Oma-Sensei« Wendi und meiner Sensei Marga lernen, dass ich die Schule seit 2002 alleine führe, während Marga den Kreis wieder schließt und sich seit 2002 bei Dr. Roberta Trias-Kelley in den USA auf höchstem Shuri-Niveau weiterentwickelt.
Marga Smit ist es zu verdanken, dass neben den Frauen vor allem auch die Kinder in den Mittelpunkt unserer »Bewegung« rücken. Obwohl heutzutage Gewalt an Kindern häufiger an die Öffentlichkeit kommt als früher, ist das Ausmaß systematischer Gewalt an Frauen und Kindern im Zeitalter der Globalisierung vielleicht noch größer geworden. Inzwischen sind aus den Chikara-Kindern der Anfänge Jugendliche geworden, die eine ganz neue Generation mitbestimmen. So kommt es, dass einige sehr sensible und für ihr Alter sehr weise

13 Siehe: http://www.emma.de/artikel/die-frau-mit-den-drei-schwarzen-guerteln-265004. Siehe auch Exkurs, Kapitel 6.

14 Der oft als maskulin interpretierten Geraden setzt die weibliche Tradition den Kreis bzw. die Spirale entgegen. Dieser Gedanke spiegelt sich von der Sitzordnung in unserem Dojo bis hin zu den matriarchalen Labyrinthen in Kunst und Mythos.

junge Männer, dem Kindertraining entwachsend, bei Chikara zu Senseis werden. Und dass nach wie vor ein Großteil an Frauen in »Führungspositionen« den Alltag bei Chikara bestimmen. Sie alle tragen dazu bei, dass es Freiräume gibt für Menschen, die sich bewusst oder unbewusst dem täglichen Kleinkrieg und dem Terror von Konsum, Gier und gesellschaftlichen Machtmechanismen entziehen, um im Leben auch von etwas anderem bewegt zu sein: von der Alternative Kampfkunst.

In der Tradition von Shuri-ryu-Karate-Do: Bodhidharma, Matsumura, Itosu, Motobu, Hsing, Robert und Roberta Trias, Wendi Dragonfire, Marga Smit, Saskia Schottelius, du selber …[15]

15 Die bei einer-Chikara-Gurt-Zeremonie von der Sensei gesprochenen Worte.

2

Dokan – der Weg ist ein Kreis: Kampfkunst und Zeit

Eines Tages wurde die Meisterin[16] *von einer Schülerin gefragt: »Sensei, wie lange dauert es eigentlich, bis ich den Schwarzgurt machen kann?« »10 Jahre mindestens«, antwortete die Sensei. »O, das ist lange! Und wie lange dauert es, wenn ich doppelt so viel und doppelt so hart trainiere wie alle anderen?« »20 Jahre«, antwortete die Sensei. »Wenn ich aber jeden Tag ohne Ausnahme trainiere, so viele Stunden wie es nur geht – wie lange dauert es dann?« »Mindestens 40 Jahre.« »Aber Sensei, wie kommt es, dass es immer länger dauert, je mehr ich mich bemühe?« »Wenn ein Auge auf das Ziel gerichtet ist, bleibt nur eines, um den Weg zu sehen.« So die Sensei.*[17]

Was für eine ungewöhnliche Geschichte! Sie behauptet genau das Gegenteil von dem, was unser westliches Tempo-Denken diktiert: Je größer unsere Bemühungen, desto länger dauert es, um zum »Erfolg« zu kommen. Der Schlüssel zu diesem anderen Verständnis liegt in der Interpretation der Begriffe »Bemühung« und »Erfolg«. Im westlichen Denken werden »Bemühungen« gern quantitativ gewertet – wie lange arbeitest du daran/pro Tag, wie viel investierst du – an Geld, Zeit? Und ebenso wird der Erfolg bemessen: Wie weit und wie schnell bist du dorthin gekommen? Mit diesem Schneller-höher-weiter-Prinzip sind die meisten von uns groß geworden.

Nun begegnen wir im Dojo, in unserem kleinen Mikrokosmos, einer ganz anderen Haltung. Die Entdeckung der Langsamkeit – das, was wir auch gerne im Tai Chi üben – ist hier verbunden mit der Einsicht in einen Gewinn an Qualität. Je bewusster wir auf unserem Weg fortschreiten, desto tiefer wird unser Verständnis und desto reicher unser Gewinn sein. Mit Erschrecken erblicken westliche Augen so das entsprechende Motto: Dokan – der Weg ist ein Kreis. Denn ein Sich-im-Kreise-Drehen wäre bei uns ja fatal! In der fernöstlichen Philosophie ist das anders: Alles, was wir mit Hingabe betreiben, führt uns wieder zu einem Anfang zurück. Und das nicht allein in der Kampfkunst, sondern in allen

16 Es gibt und gab in der Tradition der Kampfkünste immer auch weibliche Senseis. Von ihnen, wie von den meisten Künstlerinnen, Erfinderinnen, Wissenschaftlerinnen, Zen-Meisterinnen dieser Welt, ist nur nicht so viel überliefert. Die bekannteste Kampfkünstlerin ist die Gründerin des Stils Wing Chun, eine Nonne namens Ng Mui. Siehe dazu auch: Schireson, Grace: ZenFrauen. Jenseits von Teedamen, Eisernen Jungfrauen und Macho-Meisterinnen. Dt. Ausgabe 2014.

17 Überlieferung in vielen Variationen, Quelle unbekannt.

Wegkünsten (Do), die eine Entwicklung der Persönlichkeit begleiten: im Teeweg (Chado) genauso wie im Ikebana (Kado), im Bogenschießen (Kyudo) oder in der Kunst der Zen-Kalligraphie (Shodo).

»Der Weg ist ein Kreis« bedeutet, dass sich am so empfundenen Ende wieder der Anfang befindet und der scheinbar selbe Weg nun unter anderen Voraussetzungen noch einmal beschritten wird. In einer ganz anderen Qualität, aber mit dem sogenannten »Anfängergeist«. Das heißt, dass ich als Schwarzgurt wie ein unbeschriebenes Blatt (weiß/Tabula rasa) fortschreiten kann. Ich mache meinen Geist frei von allem, was ich glaube zu wissen, und lasse mich ganz neu auf einen Prozess unvoreingenommenen Lernens ein. Deswegen heißt es, dass mit dem Schwarzgurt das eigentliche Lernen erst beginnt.[18] In Europa und den USA glaubt man eher, dass mit dem Schwarzgurt ein bestimmtes Ziel und eine gewisse Reputation auf Dauer erreicht seien. Danach geht es dann nur noch um die (ominöse) Vergabe irgendwelcher Dans – und die Bäuche der (meist männlichen) Großmeister werden immer dicker, die Preise für ein Seminar immer höher.

Bei Chikara gibt es nach dem Schwarzgurt nur den Hinweis auf YoT, Years of Teaching. Diese sollen allein unterscheiden, wie viele Jahre jemand nach Erhalt des Schwarzgurtes sein/ihr Wissen in Form von permanenter Lehre weitergegeben und so den Kreislauf von Lehren und Lernen in Bewegung gehalten hat. Das ist der Gedanke von Dokan – das Gegenteil der Furcht, sich »irgendwie im Kreise zu drehen«!

> *»Wer den Sinn des Lebens begriffen hat, weiß, daß es keinen Anfang und kein Ende gibt, und fürchtet sich nicht. Er kämpft für das, woran er glaubt, er will niemandem etwas beweisen, er bewahrt die schweigende Ruhe dessen, der den Mut hat, sein Schicksal selbst zu wählen.«*[19]

Betrachten wir die Zeit beim Betreten des Dojos. Im besten Falle kommen die Karateka eine halbe Stunde vorher an, um sich in Ruhe umzukleiden und auf

18 Deswegen auch sollen Senseis die AnfängerInnen eines Dojos unterrichten und nicht dem Fortschrittsdenken verfallen, nach dem TrägerInnen höherer Gurte nur noch höhere SchülerInnen anleiten.

19 Paolo Coelho: Die Kunst des Schwertkampfs. In: Coelho, Paolo: Sei wie ein Fluss, der still die Nacht durchströmt. Neue Geschichten und Gedanken 1998–2005. Zürich 2006, S. 191.

das Training einzustimmen. Schon beim Betreten des Raumes mit einem Rei (respektvolles Grüßen) schließen wir alles, was vorher liegt und nachher folgen könnte, in Gedanken ab. Wir betreten den »Ort des Weges« (Dojo). Das tun wir mit Achtsamkeit und Gelassenheit. Beim traditionellen Zazen-Sesshin[20] ist es sogar so, dass der Raum mit dem linken Fuß zuerst betreten wird, um diesem Augenblick die volle Aufmerksamkeit zu schenken. Es hilft uns, nicht irgendwie anzukommen oder reinzukommen, sondern den Ort, die Zeit und die Personen darin bewusst wahrzunehmen.

Hat das Training begonnen, lernen wir wie kleine Kinder erst einmal Schritt für Schritt zu tun – so zum Beispiel im Vorwärtsgehen im Zenkutsu dachi, der Grundstellung. Fortschritte entstehen erst dann, wenn wir uns von der Mechanik des Multitaskings lösen. Fast alle AnfängerInnen führen zu Beginn die Faust-stöße gleichzeitig mit den Schritten aus. Erst mühsam entwickelt sich wieder ein Gefühl dafür, was es heißt, eins nach dem anderen zu machen. Erst musst du sicher stehen, um dann einen effektiven Fauststoß geben zu können. So verhält es sich mit allen Basistechniken, ganz gleich ob Tritte, Blöcke oder ganze Kombinationen. Erst sicher stehen, sich zentrieren, dann agieren. Auf sehr fortgeschrittenem Niveau scheinen die Techniken dann wieder ineinanderzufließen. In Wirklichkeit aber ist es stets, wie auch im Tai Chi, ein bewusstes Nacheinander von Aktionen.

Tue alles, was du tust, ganz

Hieraus lässt sich für den Alltag eine ganz neue Achtsamkeit gewinnen: »Tue alles, was du tust, ganz.« Denn wir haben Zeit und können sie uns nehmen, um wirklich nacheinander zu handeln – auch wenn wir gerade telefonieren und um uns herum alles nach Aufmerksamkeit schreit. Eins nach dem andern. Diese Einsicht besitzen wir vielleicht schon lange, aber sie umzusetzen ist so schwer: weil wir keine Übung darin haben, weil wir anders sozialisiert sind. Durch das beständige (körperliche) Üben im Dojo können wir das wieder trainieren, was uns abhanden gekommen ist: die natürliche Gelassenheit des Nacheinanders. So geben wir uns die Chance, den Geist über den Körper zu »entstressen« – oder wenigstens in eine entspanntere Richtung zu lenken.

20 Zazen ist die Praxis des Zen, die Sitzmeditation. Ein Sesshin ist eine Periode intensiver Zen-Praxis und bedeutet wörtlich »das Wesentliche berühren«.

Das Training beginnt und endet immer mit einer Meditation. Anders als in den meisten Karateschulen sitzen wir nicht in einer Reihe, sondern in einem Kreis. Das macht einen grundsätzlichen Unterschied: Der Kreis symbolisiert Gleichberechtigung und sorgt dafür, dass jede Person die andere sehen kann. Die gleichmäßigen Abstände der Personen im Kreis spiegeln das Bedürfnis nach gleichwertigen Beziehungen untereinander. Deshalb ist es sehr wichtig für Unterrichtende, der Formation des Kreises Zeit zu geben. In dieser Zeit sorgt jede für jeden und für sich selbst, um eine harmonische Runde zu gestalten. Nur der Platz links neben der Sensei ist für die Sempai oder Yoshu reserviert, die in der aktuellen Stunde assistiert. Ansonsten sind alle Plätze frei zu vergeben und sollten auch tatsächlich gewechselt werden, um dem typischen Begehren nach dem »eigenen Platz« entgegenzuwirken und eine stets neue Perspektive zu gewähren. Allein in einer Gurt-Präsentation setzen sich die Karateka nach Farben sortiert im Kreis auf, um nach der Gurtvergabe ein neues Wechselspiel der Farben im Dojo zu illustrieren.
Dabei dienen die Gurtfarben entgegen der üblichen Ansicht, es handele sich hier um eine Hierarchie, bei Chikara allein der Zuordnung der Niveaus im Training. Das heißt, sie erleichtern sowohl der Sensei als auch den Übenden eine Einordnung ihres Gegenübers, so dass klar ist, wer über welche Techniken verfügen kann. Trainiere ich als Lilagurt mit einem Gelbgurt, so weiß ich, dass ich beispielsweise Greifverteidigungen bei Partnerübungen nur bis zu einer bestimmten Nummer sicher bei meiner Partnerin voraussetzen darf. Ich selbst sollte mit Lila zum Beispiel alle Greifverteidigungen kennen und üben können. Von »beherrschen« oder »können« sollte ohnehin nie die Rede sein, denn das Lernen im Dojo ist unerschöpflich – auch für die Sensei/s. Am Ende ist natürlich auch hier der Weg ein Kreis und auf den Schwarzgurt folgt der Weißgurt zur Rechten – so in der feierlichen Sitzordnung einer Präsentation.

Die Meditation zu Beginn und Ende eines Trainings ist ein gutes Beispiel für kontinuierliches Üben ohne Anspruch. Am Anfang mag es Ungeübten seltsam erscheinen, sich in dieser aufrechten Haltung auf die Sitzposition, den Atem und das Loslassen der Gedanken zu konzentrieren. Es hilft sehr, wenn die Unterrichtenden hier immer wieder an Details erinnern wie die Aufrichtung der Wirbelsäule als Verbindung von Himmel und Erde, das Entspannen der

Muskeln, den Kreislauf des Atems und das innere Lächeln. Später ergibt sich diese Grundeinstellung wie von selbst – ja, sie wird tatsächlich zu einer gelösteren »Grund-Einstellung«, auch im Alltag. Je länger jemand trainiert, desto leichter gelingt es, in diesen Zustand einzutreten. Das hilft, sich auch in stressigen Situationen schnell wieder zu erden, in schwierigen Lebensphasen leichter zu sich selbst und der inneren Stimme zurückzufinden und vielleicht auch, sich mit einem überindividuellen Wissen in uns und um uns herum zu verbinden.

Jahrelanges Karate-Training erzeugt – unbemerkt und vielleicht unbeabsichtigt – sehr viel Meditationspraxis, auf die wir uns im Alltag beziehen können. Zu meditieren bedeutet, sich mit seiner ganzen Existenz dem Hier und Jetzt zu widmen – etwas, wofür im Alltag der Blick fehlt. Den ganzen Tag sind wir damit beschäftigt, auf den nächsten Moment zu schielen, Pläne nicht für uns, sondern »für die Zukunft« zu schmieden oder auf Vergangenes zurückzublicken – und genau damit der Fülle des Augenblicks zu entgehen. Unsere westliche Haltung zur Gegenwart ist geradezu verächtlich, denn kaum ist sie da, wollen wir sie schon wieder »weghaben«: die Zeit »vertreiben«[21]. So gesehen erscheint die Gegenwart wie ein Hindernis vor den Zielen der Zukunft, von denen wir immer wieder von neuem eine Erfüllung erhoffen, ohne jemals wirklich anzukommen. Das Aus-der-Gegenwart-Herausfallen lässt uns hektisch durch das Leben rasen und verkürzt unsere Lebenszeit. Denken wir an die wichtigen Momente im Leben, so sind das oft die stillen, leisen und meditativen, in denen auch die Zeit still steht und dadurch an Raum gewinnt. Ich persönlich ergreife diesen Augenblick immer dann, wenn ich meinen Gi (Karateanzug) zuschnüre und anschließend meinen Obi (Gurt) binde. Das betrachte ich mit einem freundlichen Blick im Spiegel und bedanke mich innerlich dafür, dass ich jetzt in einen besonderen Zeit-Raum eintreten und darin verweilen darf.

Es ist schon alles da

Die Idee des Dokan und die Meditation enthalten die Möglichkeit, sich in die Gegenwart zu versenken und damit dem Schneller-weiter-Prinzip entgegenzuwirken. Während Sisyphus den schweren Brocken immer wieder die »Erfolgsleiter« hinaufschiebt und sich an keinem »Aufstieg« erfreuen kann, lehrt uns das Dojo, sich nicht nur zu zentrieren, sondern auch zu begnügen. Und das aus

21 Vergleiche: Rainer Maria Rilke »Wunderliches Wort: die Zeit vertreiben! / Sie zu *halten*, wäre das Problem. / Denn, wen ängstigts nicht: wo ist ein Bleiben, / wo ein endlich *Sein* in alledem?«

freien Stücken. »You have enough«, schreibt Thich Nhat Hanh in einer seiner Kalligraphien. Nicht nur weniger ist mehr, sondern: du hast genug – besinne dich auf all das, was schon da ist. Denn es ist schon alles da. Du musst es nur wahrnehmen, um es annehmen und genießen zu können.
Die Geschichte vom asiatischen Fischer illustriert diesen Gedanken wunderschön:[22]

Ein Fischer sitzt am Bootssteg, seine Beine baumeln, und er blickt aufs Meer hinaus. Da tritt ein wohlhabender Fremder zu ihm und fragt: »Waren Sie heute schon auf Fischfang?« Der Fischer nickt. »Fahren Sie noch einmal hinaus?« Der Fischer schüttelt den Kopf. »Aber es ist doch gutes Wetter und Sie können doch noch viel mehr Fische fangen!« Der Fischer blickt den Mann groß und zweifelnd an. Der Fremde, offensichtlich ein erfolgreicher Geschäftsmann, fährt fort: »Sie können mit den Einnahmen der weiteren Ausfahrten zusätzliche Fischkutter kaufen und Fischer anstellen und so die Ausbeute und die Gewinne steigern. Sie können bald eine eigene Fischfabrik aufbauen und alles selber weiterverarbeiten und Handel betreiben!« Begeistert redet sich der Fremde in Fahrt, macht den armen Fischer in Gedanken zu einem reichen Unternehmer und schließt mit den Worten: »Und wenn Sie das alles erreicht haben, guter Mann, dann – dann können Sie hier sitzen, den Tag genießen und aufs Meer hinausschauen.« Der Fischer sieht ihn verwundert an, blickt wieder aufs Meer und sagt: »Aber das habe ich doch gerade getan. Bis Sie mich dabei gestört haben!«

Während der Fischer ganz im Augenblick ruht, durchläuft der Fremde in seinen Vorstellungen die gesamte stressige Spirale von Leistung, Erfolg, Anerkennung und Profit, ohne einen wirklichen Gewinn davonzutragen. Im Gegenteil: Durch sein Gerede hat er auch noch jemand anders davon abgehalten, den Moment zu genießen.
Das ständige Geschäftigsein auf der Jagd nach Karriere, Reichtum und Ruhm ist wie ein Wegrennen vor uns selbst. Niemals sind wir da, wo der Augenblick mit uns in Einklang sein könnte. Wie schön, dass im Zentrum für angewandten

22 Die Quelle ist unbekannt. Berühmt wurde diese Geschichte durch Heinrich Bölls »Anekdote zur Senkung der Arbeitsmoral« (1963).

Buddhismus[23] bei jedem Glockenklang stehengeblieben und geschwiegen wird … ganz gleich, wo sich eine Person gerade befindet oder womit sie beschäftigt ist. Plötzlich herrscht Stille, auch in der Bewegung – ein großer innerer Einklang in Ruhe. Wir haben die Möglichkeit, eines Augenblickes gewahr zu werden, uns zu be-sinnen.

»Alles hat seine Zeit« gespiegelt in einem »Tue alles, was du tust, ganz«. Tun wir dies nicht, entgehen wir nicht nur uns selbst, sondern schaden damit auch dem Rhythmus der Natur, in uns und um uns herum. Gegen den Rhythmus schaden wir auch der Erde, in der wir selbst verwurzelt sind: Es gibt eine Zeit zum Säen, eine Zeit zum Ruhen oder Seinlassen und eine Zeit zum Ernten. »Sich zu Tode zu ackern« heißt nichts anderes, als sich selbst und der Natur keine Ruhe zu gönnen. Eine gute Gärtnerin ist diejenige, die nicht zieht (oder auch »er-zieht«), sondern die Saat in Ruhe reifen lässt.

Betrachten wir aber unseren Alltag, so scheint von Kindesbeinen an genau das Gegenteil der Fall zu sein. Durch unsere Er-Ziehung sind wir gewohnt, uns mehr nach der technischen als nach der natürlichen Zeit zu richten. Wir werden aufgestellt im Sekunden- und Minutentakt, nach Stundenplan, Wochentag, Feierabend, Wochenende und Sommerzeit, ohne uns dessen bewusst zu sein. Was im Zeitalter der Industrialisierung als Erleichterung dienen sollte, nämlich das Erfinden von Zeiteinheiten und Zeitzonen, hat sich für den Einklang mit der Natur als Fluch erwiesen: Wir gehorchen einem fremden Willen, einem uns auferlegten maschinellen Takt, der sich vehement gegen unseren gesunden inneren Rhythmus, unseren »Bio-Rhythmus« stellt. Spürbar im hektischen und immer schneller werdenden Puls des Geschehens, in der Jagd mit dem »Zeitgeist«, in dem unser Herz zu rasen beginnt und gnadenlos von einer zu schnellen Taktung erfasst wird, die uns in den Infarkt treiben kann: Diagnose Herzinfarkt.

Wenn die Zeitdiebe aus »Momo«, die in Zigarrenqualm gehüllten grauen Herren, Erfolg haben, dann hat der Fluch des Zeitsparens durch die Maschinen am Ende aus uns die Betrogenen gemacht: Unsere kostbare Zeit wird immer knapper! Und was macht die Zeitdiebe so erfolgreich? Sie rauben den Menschen ihre Fantasien, ihre stillen meditativen Momente, ihre Orte und Gelegenheiten, im Augenblick zu versinken.

23 Das von Thich Nhat Hanh in Wäldbröl/Westerwald gegründete »Europäische Institut für angewandten Buddhismus«, www.eiab.eu.

...ein Ort, an dem Zeit nicht mehr messbar ist...

Fantasien, Tagträume und spielerische Momente führen uns an einen Ort, an dem Zeit nicht mehr messbar ist. Doch wer sagt uns, dass sich in der sogenannten Realität die »echte« Zeit befindet, wenn wir uns in einem Hinwegträumen so unendlich weit auszudehnen vermögen? Der Konflikt entsteht durch den Kontrast von natürlicher und technischer Zeit. Und durch die Position des Ichs in diesen Zeit-Räumen. Schauen wir uns diesen Kontrast genauer an, auch wenn die folgenden Überlegungen scheinbar weit von der Kampfkunst wegführen. Schon mit den ersten Sonnenuhren und spätestens mit den Eisenbahnen ist ein neuer Takt in unser Leben getreten. Die Unregelmäßigkeit des natürlichen Rhythmus – unterschiedlicher Sonnenstand und Sonnenwende, Tagesablauf und Tag- und Nachtgleiche, verschiedene Ortszeiten und Lebensläufe, unerwartete Wetter und Strömungen und so weiter – wird durch messbare Abläufe ersetzt: Abfahrtzeiten, Fahrpläne, Stundenglocken, Stechuhren ... Die Welt wird miteinander verzahnt, in ganzzahlige Verhältnisse gebracht, in Zeitzonen mit Zeitsprüngen gegliedert und damit berechenbar: Die exakten Wiederholungen ermöglichen genaue Kalkulationen und somit wirtschaftliche Effizienz. Demgegenüber stehen die natürliche Zeit und Wirklichkeit mit ihren Phasen, Perioden und Entwicklungen, die zwar vorhersehbar scheinen, es jedoch niemals sind. Jede Katastrophe, jeder unerwartete Wettersturz, Vulkanausbruch oder Kometeneinschlag lässt uns das bewusst werden.

Was bedeutet das für den einzelnen Menschen in »seiner« Zeit? Die natürliche Zeit wird nicht von außen, sondern durch ein inneres Prinzip bestimmt: durch den Rhythmus der Jahreszeiten genauso wie durch jeden einzelnen Atemzug, Herzschlag und Puls eines Wesens – im Grunde regelmäßig und doch immer individuell. Diese Zeit orientiert sich an der eigenen Befindlichkeit, sie nimmt ihren Lauf vom Erwachen bis zum Ermüden, vom Ein- zum Ausatmen, vom Strömen zum Pulsieren. Während sich der Mensch in der technischen Zeit einer fremden Ordnung[24] unterwirft und sich erst durch und in dieser zu erkennen

24 Sowohl (gemessene) Zeit als auch Sprache zwingen uns zu einem Umweg über eine von fremder »Zunge« organisierte Struktur und nehmen uns so die direkte Wahrnehmung und Erkenntnis. Wir geben unsere Unmittelbarkeit ab an eine andere Instanz. Auf diese Weise können wir uns niemals in »Echtzeit« oder »direkter innerer Rede« erfassen. Vergleiche die Überlegungen der Neostrukturalisten wie u. a. Jacques Lacan und die Unterwerfung des Subjekts unter die Ordnung des »Anderen«. Siehe hierzu auch mein Buch »Das imaginäre Ich. Subjekt und Identität bei Bachmann und Lacan.«

vermag, befindet sich das Ich der natürlichen Zeit in direkter Übereinstimmung mit sich selbst. Wie in einer Art Symphonie: Es schließt die Augen, nimmt alle Klänge, Gerüche und Geräusche gleichermaßen in sich auf und ergibt sich dem »viel-stimmigen« Augenblick. Eine solche Art der Innenschau können wir in der Meditation erleben. Hier verschwindet das sich seiner selbst bewusste Ich zugunsten einer Art mystischen Wahrnehmung des »All-Ein-Seins«. Es erscheint ein anderes Ich, das sich im kosmischen Ursprung von Rhythmus ausbreitet, dem Atem folgt, den Puls beruhigt, alles wahrnimmt ohne zu werten, ja ohne gegenwärtig zu sein – das »Besinnich«[25] sozusagen.

Es erscheint ein anderes Ich…

Das in der Zeit verankerte Ich lässt uns im gleichen Augenblick, in dem wir denken, das Ego gewahr werden, das hinter diesem Denken steht: »Cogito, ergo sum«. Ich denke, also bin ich, formuliert René Descartes schon 1641 ausgerechnet in seinen »Meditationen«, durch die er dieser Erkenntnis auf die Spur gekommen ist! Zeit wird hier zum definierenden Faktor, sobald sie diese andere Ordnung repräsentiert, durch die wir gleichermaßen bestimmt und von uns selbst entfremdet werden. Hier ähneln sich Zeit und Sprache in ihrer Funktion: beide ermöglichen uns, sich als Ich in Zeit und Raum wahrzunehmen und zu benennen – gleichzeitig entfernen wir uns von uns selbst im Umweg über die »symbolische Ordnung«.

Die technische Zeit produziert in uns ein anderes Denken und Werten. Sie macht unsere Lebenszeit messbar und gibt ihr einen berechenbaren Wert: Arbeits-Zeit zum Beispiel. Das zwingt uns, mit einer beschleunigten Messbarkeit unseren inneren Rhythmus zu überholen. Profitgier und Wachstumsstreben ziehen uns auf die Seite eines kommerziellen »Wettrüstens«. Mit der Digitalisierung und dem Internet wird eine 24-Stunden-Betriebsamkeit vorgelebt, die den Menschen wie in einem Sog auch ungewollt mit sich reißt. Alles, was wir über unsere Grundbedürfnisse hinaus konsumieren, hat seinen Preis: nämlich die Lebenszeit und Hingabe, die wir unserem Tagewerk geschenkt haben. »Da steckt viel Arbeit drin«, heißt es – und immer auch ein Stück unserer Identität. Auf diese Weise erwirtschaften wir uns den »wohlverdienten Urlaub«, der uns

25 „Besinnich" gemeint als liebevolle Wortschöpfung und nicht als streng philosophischen Begriff (Besinn-Ich).

ohne ein Denken in »Arbeitszeit« und »Freizeit« ebenso zur Verfügung stehen würde.
Unnötigen Luxus erkaufen wir uns mit der Zeit, die wir für den Zwischenhändler Geld aufbringen mussten, mit »Stunden-Lohn« – und so bezahlen wir am Ende mit unserer kostbaren Lebenszeit: im Büro, im Lagerraum, hinter dem Tresen. Zeiten, die wir in Geld umwandeln, um sie wieder auszugeben. Doch der Preis ist hoch und der erkaufte Konsum geht möglicherweise an unseren eigenen Bedürfnissen und denen unserer Freunde und Familie vorbei. Dabei vergessen wir, dass wir nur *ein* echtes Leben haben und keinen Klon oder Avatar, der uns noch ein anderes ermöglicht.

Was hat das alles mit Kampfkunst und der Zeit im Dojo zu tun? Vielleicht werden Sie es schon erahnen: Mit dem Betreten des Dojos treten wir in eine andere Zeit; in eine Art Vakuum, in der die technische Zeit in den Hintergrund rückt, ja, in der sie schnell »vergeht«, so schnell, dass wir es oft kaum glauben können. Eine der am häufigsten formulierten Statements am Ende der Stunde ist, dass die Zeit »wie im Fluge« vergangen ist – im Grunde weder schnell noch langsam, sondern dass einfach ein anderes Zeitempfinden in Kraft getreten ist. Die dreiminütige Meditation an Beginn und Ende des Trainings erscheint mal kurz, mal lang – je nach Bewusstseinszustand. Bei allen Formen von Meditation – Meditation in Bewegung wie Qigong und Taoistische Übung und in den Kampfkünsten wie Karate und Tai Chi[26] – liegt die Aufmerksamkeit auf dem Atem beziehungsweise der Synchronisation von Atem und Bewegung. Das heißt, wir kommen mit dem Atem in einen natürlichen, regenerativen Rhythmus: ein und aus, steigen und sinken, öffnen und schließen[27].
Durch den Einstieg mit Meditation verändert sich auch das Ich: Das Alltags-Ego tritt zurück, lässt seine (Zukunfts-)Pläne und Sorgen draußen vor der Dojo-Tür

26 Der Unterschied zwischen Tai Chi und Qigong lässt sich vereinfacht so fassen: Qigong ist in seinen angeblich über 1000 Ausrichtungen (stilles Qigong, nährendes Qigong, Qigong der Laute, Herz-Qigong etc.) der Traditionellen Chinesischen Medizin zugeordnet und heißt wörtlich »Arbeit mit dem Qi«. Hier werden in der Therapie unterschiedlicher Krankheiten auf Basis der Meridianlehre interessante Erfolge erzielt. Bei den Übungen handelt es sich meist um einzelne Bewegungen aus dem Stand. Das Tai Chi basiert ebenso auf der Entdeckung von Energiebahnen, nutzt diese aber auch zur Bekämpfung von Gegnern, da es ursprünglich eine Kampfkunst ist. Ausgeübt wird Tai Chi in komplexen Abläufen und Formen. Auch in den Karate-Katas gibt es geheime verborgene Techniken, die auf die zentralen Punkte der Qi-Leitbahnen gerichtet sind.

27 Dies sind auch die wesentlichen Bewegungsmodalitäten im Tai Chi.

und gibt dem »Besinnich« Raum. Optisch erkennbar im Tragen eines einfachen schwarzen Gis (Karateanzug), ganz »uni-form«, ohne Schmuck und Markenlabel. In der Bewegung erkennbar an der hohen Konzentration auf den Augenblick. Eine Kampfkunst erfordert immer hohe Wachsamkeit und Präsenz im Hier und Jetzt. Jeder Moment der Unachtsamkeit bedeutet Gefahr, jede Aktion erfordert eine schnelle sichere Reaktion. Die Techniken dazu lassen sich trainieren und führen mit viel Hingabe irgendwann in so bereichernde, bewegende Dimensionen wie »Reagieren ohne nachzudenken« (Hen-O), »Klären des Geistes« (Mushin), »Intuitive Weisheit« (Ryoki) und die Philosophie von »Ein Geist wie das Wasser« oder »Ein Geist wie der Mond«. Erzwingen lässt sich ein solcher Werdegang im Dojo nicht. Diese Dimensionen eröffnen sich erst mit einer persönlichen Entwicklung. Auch das Doppelt-so-viel- oder Doppelt-so-schnell-Lernen führt, wie wir in der Einstiegsgeschichte gesehen haben, nicht zum »erhofften Ergebnis«. Das scheinbare Ziel wird ein anderes werden.

… dem eigenen inneren Rhythmus folgen können…

Und hier finden wir wieder zurück zu den Zeitmodellen: In technischer Zeit gemessen, können wir uns technisch »verbessern« und unser Wissen wie unsere praktischen Fähigkeiten vergrößern. Im Dojo spielt diese Zeit jedoch kaum eine Rolle. Hier sollte sich jede nach dem ihr eigenen Zeitgefühl wirklich »Zeit nehmen« und dem eigenen inneren Rhythmus folgen können. Kein Schielen nach »Konkurrenz«, kein Gieren nach »höheren« Gurten oder vermeintlichem Status sollte uns hier bewegen, sondern allein das Bedürfnis nach innerem Wachstum. Und dieses hat mit »Fortschrittsdenken« wenig zu tun. Sogar das Lebensalter einer Karateka spielt keine Rolle. In unserem Dojo gibt es Kinder von 6 Jahren, die schon ein reifes Verständnis für die Kunst des Kampfes beweisen, und viele Frauen, die mit über 40 oder 50 Jahren zum ersten Mal eine Kampfkunst beginnen.[28]

Ausgerechnet eine Karateschule kann Freiraum für das Ich bedeuten und eine Gegenwelt sein zu unserer sogenannten Ellbogen-Gesellschaft! Es wirken andere Prinzipien, psycho-physische Budo-Prinzipien, es gelten eigene

28 Der in Deutschland lehrende Sensei Shuzo Imai ist sogar der Meinung, dass sich ein/e Karateka in Sachen Schnelligkeit und Flexibilität noch bis zum 70. Lebensjahr und darüber hinaus auf einen Höhepunkt hin entwickeln kann!

»Beweggründe«. Wenn das Ziel, einen Schwarzgurt in möglichst kurzer Zeit zu erreichen, sich immer weiter entfernt, dann öffnet sich der Raum für Entwicklung und das Entdecken eines Ichs, das am Ende einer langen Reise wirklich bei sich angekommen ist.

Wenn das Ziel, einen Schwarzgurt in möglichst kurzer Zeit zu erreichen, sich immer weiter entfernt…

Philosophie und Praxis: Zufall und Be-Sinnung

Wie aber können wir dem gnadenlosen Takt der rasanten Zeit entgehen? Wovon sollen wir uns im Alltag leiten lassen, um uns selbst mehr Zeit und Raum zu geben? Manchmal ist es Zufall. Begegnet uns ein »Zufall«, so sollten wir ihn ernst nehmen – wenn auch möglichst mit Humor und Gelassenheit. Vielleicht durchkreuzt er gerade unsere Pläne, aber »wie der Zufall es so will«, könnte uns ein interessanter (Um-)Weg bevorstehen. Der Zufall lässt uns aus der Mechanik des Kalkulierens herausfallen und öffnet leise ein unbekanntes Tor. Den Zufällen nachzugeben kann genauso bereichernd sein wie ein Versenken in der Meditation: Beide führen uns für einen Augenblick an den Ort einer inneren Sicherheit. Sie wehen den Hauch einer Ahnung in unseren geschäftigen Alltag und verführen uns mit einem Blick, Duft oder Klang zu einem intuitiven Erkennen im Augenblick.

Koh Tao. Für einen mehrtägigen Ausflug zur Schildkröteninsel begebe ich mich nach einigen Wochen Hütteneinsamkeit zum ersten Mal bewusst unter Menschen und … werde im Grunde gut geleitet. Nur konnte ich leider der Stimme des Zufalls nicht mit offenen Sinnen folgen.
Beim Schnorcheln in einer der schönsten Buchten von Koh Tao begegnete ich einer Gruppe von Belgiern, mit denen ich mich auf Anhieb gut verstand. Gleich am nächsten Tag liefen wir uns wieder »zufällig« in die Arme und amüsierten uns beim gemeinsamen Kaffee. Am Ende saßen wir tatsächlich – ohne uns verabredet zu haben – am gleichen Tag zur gleichen Zeit am Hafen, um mit der gleichen Fähre weiterzureisen. Eigentlich hätte ich gerne noch mehr Gespräche geführt und wäre der Einladung, sich zu ihnen zu gesellen, nachgekommen. Aber aus einer Mischung von Sorge vor zu viel Kontakt und eventuell falschen Signalen als allein reisende Frau lehnte ich das Angebot ab. Das Ergebnis war, dass ich mich während der dreistündigen Überfahrt nonstop auf Platzsuche befand, mal in einer Gruppe sehr lauter Asiaten landete, mal zwischen den Lebensmitteltüten russischer Großfamilien und dann wieder in Gesellschaft deutscher Vielbiertrinker. Es war mir einfach nicht möglich, einen passenden Platz zu finden. Ich hätte das freundliche Angebot der Belgier annehmen sollen.

Wann und wie können wir auf die richtigen Signale und unsere innere Stimme vertrauen? Und wie können wir uns darin üben? Meditation bedeutet in der Praxis, einen Zustand zu erreichen, der zwischen Schlafen und Wachsein angesiedelt eine Art intuitive Dimension eröffnet.[29] Je öfter wir uns darauf einlassen können, desto leichter wird es, die rationalen Einflüsterungen unseres Wach-Egos auszublenden und auf die Botschaften unseres »Besinnichs« zu horchen.

Eine einfache Übung besteht darin, morgens im Zustand des Halbschlafes einen Augenblick zu verharren, bevor wir uns wieder den Geschäftigkeiten des Alltags zuwenden. Oft springen wir mit dem Aufwachen gleich aus unseren Träumen heraus und beginnen, den Tag in Gedanken zu organisieren. Das ist auch gut so, denn der Geist gibt mit seiner Struktur die Zukunft vor – eine Art mentales Training, damit wir unsere Ziele erreichen. Aber: der offene Geist des Erwachens geht dabei zu schnell verloren. Das Aufwachen ist einer der kreativsten Momente, den wir halten können, indem wir uns noch einmal einen Augenblick zurücklehnen, die Bilder auftauchen lassen, die uns in der Nacht bewegt haben, und den Eindrücken Raum geben, die diesen folgen. Aufwachen, hineinspüren, mit den Sinnen wahrnehmen, den Atem fließen lassen, dankbar sein, Freude formulieren … dies alles und vieles andere bringt uns ein Stückchen näher daran, den inneren und äußeren Eingebungen des Alltags folgen zu können. Und selbst wenn wir schon unter der Dusche stehen, dürfen wir noch einen Moment innehalten und den Augenblick mit allen Sinnen genießen:

> *»Wenn Wasser über meinen Körper strömt, wird mein Herz gereinigt.*
> *Blumenduft erfüllt das Universum.*
> *Die Handlungen von Körper, Rede und Geist kommen zur Ruhe.«*[30]

Danach können wir immer noch planen und den Geist vorausschicken zu unseren Tätigkeiten – wie am Beginn oder Ende einer Reise, wenn der Geist bereits am Ziel ist und der Körper noch folgen muss. Aber sachte, denn je mehr wir planen, desto weniger sind wir präsent. Und nur mit Präsenz, mit Gegenwärtigkeit,

29 Deswegen sind in der Zen-Meditation die Augen ganz leicht geöffnet, der Blick mit Sitzrichtung zur Wand auf den Boden gerichtet.

30 Aufkleber aus dem Europäischen Institut für angewandten Buddhismus, EIAB, Text von Thich Nhat Hanh.

können wir die Reise in einen neuen Tag wirklich genießen und das Geschenk des Erwachens erfahren. In der Hingabe an das Hier und Jetzt entsteht Frieden mit der Gegenwart und in ihr Raum für Dankbarkeit und Liebe – und die Möglichkeit, Liebe vorauszuschicken in einen erfüllten Tag.

In der Hingabe an das Hier und Jetzt entsteht Frieden mit der Gegenwart.

2

3

Verändere deine Sprache und du veränderst deine Welt.

Das Dojo als Ort für achtsame Kommunikation

CHIKARA

Als der US-amerikanische Pastor Will Bowen aus Kansas City feststellte, dass sich die größten Sorgen seiner Gemeindemitglieder um Geld und den Verlust des Arbeitsplatzes drehten, startete er im Jahr 2006 ein erstaunliches Experiment. Basierend auf Untersuchungen zu den vier spirituellen Gesetzen des Wohlstandes[31] empfahl er folgende Übung: 21 Tage lang , also für den Zeitraum, in dem eine Henne ihr Ei ausbrütet und eine Gewohnheit sich nachweislich dauerhaft etabliert, sollen alle Teilnehmenden auf »Klagen, Beschwerden, Nörgeleien, Kritik und Tratscherei«[32] komplett verzichten. »Denn«, so Bowen, »unsere Worte zeigen auf, was wir denken, und unsere Gedanken erschaffen unser Leben.« Und: »Wenn wir uns beklagen, konzentrieren wir uns auf das, was wir nicht wollen.«[33]
Das Überraschende dabei ist, dass wir uns selbst gar nicht für negative Menschen halten. In Wirklichkeit bemerken wir nur nicht, wie sehr wir in unser Klagen verstrickt sind. Um unsere Aufmerksamkeit zu trainieren, arbeitet Bowens Anhängerschaft mit lilafarbenen Armbändern, die immer wieder daran erinnern sollen: Ich habe mich schon wieder beklagt! »Und worauf wir unser Augenmerk richten, das breitet sich aus.«[34]

Ein interessantes Experiment und ein aufschlussreicher Einstieg in das Thema »Verändere deine Sprache und du veränderst deine Welt«.
Mein Leben lang beschäftige ich mich mit Sprache beziehungsweise genauer mit der Wirkung von Sprache auf das Unbewusste und mit den Effekten des Denkens auf unsere Sprache. Dass die Sprache den Menschen beeinflusst, ist unbestritten. Wir müssen nur die Kinder beim Spracherwerb betrachten und werden schnell feststellen, dass sie alles, was ihnen entgegengebracht wird, kopieren: seien es Dialekte, Fremdsprachen, Tiergeräusche oder eben eine negative oder positive Sprache. Leider ist es im europäischen Sprachraum und darüber hinaus Usus, die Dinge und Begebenheiten eher ex negativo zu bezeichnen als … ja, dafür gibt es bezeichnenderweise keine Wendung … ex positivo.[35]

31 Gaines, Edwene: The Four Spiritual Laws of Prosperity. United States 2005.

32 Bowen, Will: Einwandfrei, München 2008, S. 38.

33 Ebd., S. 23.

34 Ebd., S. 17.

35 Vergleiche hierzu das Kapitel »Kompetenz und Performanz« in: Schottelius, Saskia: Sagen Sie doch, was Sie wollen, Zürich 2009, S. 9 ff.

Wir sind in der Regel von klein auf sprachlich »formatiert« wie eine Festplatte, auf der bestimmte Programme installiert wurden. Je größer dabei der Einflussbereich und je breiter gefächert die entgegneten sprachlichen Möglichkeiten, desto höher ist die Chance, dass wir selbst mitbestimmen oder zumindest später variieren können. Das unterstreicht einmal mehr die große Bedeutung von Bildung. Mir geht es bei meinen Bemühungen und Betrachtungen zunächst um etwas anderes: Die Fragen lauten: Was kann ich an meiner Sprache oder der meines Gegenübers ablesen und wie weit können wir unsere Sprache verändern und dadurch unseren Geist in eine andere Richtung prägen? Dass das möglich ist, haben die Forschungen des Neuro-Linguistischen Programmierens (NLP) klar ergeben. Und die Neurolinguistik schreitet auf diesem Gebiet immer weiter voran. Bleibt die Frage, wie das in der Praxis funktionieren soll. Und vor allem: Wie soll es in der Praxis aussehen, ohne dass es sich wie ein großer Euphemismus anfühlt, also eine rhetorische Form von Schönrednerei?

Dies und vieles mehr versuche ich in meinen Rhetorikseminaren umzusetzen und den Teilnehmerinnen so einen starken Auftritt und Selbstausdruck in beruflichen wie privaten Kontexten zu ermöglichen. Dabei hat es sich erwiesen, dass die Vollendung der theoretischen Einheiten in der körperlichen Verankerung liegt, so dass ich in den Workshops zusätzlich mit fernöstlichen Bewegungen arbeite.[36] Gleichzeitig ist mir umgekehrt bewusst geworden, wie viel ich bereits nach der ersten Einheit Qigong oder manchmal auch Karate (also in meinen offenen Seminaren) am Körper und an der Haltung meiner Teilnehmerinnen ablesen kann, so dass ich mich im Kommunikationsteil darauf beziehe. Das heißt, die Wechselwirkung von Sprache und Körperbewusstsein ist meines Erachtens enorm hoch und wird viel zu sehr unterschätzt.

> *»Was ihr durch die Worte anderer gelernt habt, werdet ihr schnell vergessen. Was ihr mit eurem ganzen Körper verstanden habt, daran werdet ihr euch euer Leben lang erinnern«,*

so Gichin Funakoshi, der Begründer des Shotokan Karate-Stils.[37]

36 Die sogenannten Taoistischen Gesundheitsübungen sind Teil eines ganzheitlichen Ansatzes und sollen zum Nachmachen anregen.

37 Funakoshi, Gichin, in: Fauliot, Pascal: Die Kunst zu siegen, ohne zu kämpfen. Geheimnisse und Geschichten über die Kampfkünste. Dt. Ausgabe 2001, S. 146.

Ich wundere mich, dass es das Fach »Kommunikationsforschung und Phonetik«, wie ich es studiert habe, an deutschen Universitäten in dieser Art nicht mehr gibt. Gerade im Zeitalter von sich rapide wandelnden Kommunikationsformen wäre es wichtig, sich auf die philosophische und psychologische Seite der Sprache und des Sprechens zu besinnen. Besonders auf dem Gebiet der gewaltfreien und achtsamen Kommunikation gibt es noch viel zu forschen und zu sagen. Sprache ist der Botenstoff menschlichen Daseins. Sprache und Bewegung sind die wesentlichen Elemente des tatsächlichen In-der-Welt-Seins.

Sprache ist der Botenstoff menschlichen Daseins

Wie verhält es sich nun mit der Sprache im Dojo? Zunächst handelt es sich hier um einen sehr einseitigen »Dialog« – wenn es auch kein Monolog im klassischen Sinne ist. Eine Unterrichtsstunde ist interaktive Kommunikation in Reinform. Ich habe auf Koh Samui einige Thai-Massagen am Strand erhalten und gestaunt, wie intensiv die wortlose Kommunikation zwischen den Blicken und Händen der Masseurin und meinem Körper, also dem Seufzen, Atmen und Sich-Regen, verlief. Ähnlich einer gelungenen Karatestunde.

Auf die verschiedenen, meist japanischen Kommandos und Zählzeichen erfolgen Reaktionen in Form von Bewegung und über diese Bewegungen werden weitere non-verbale Inputs gegeben. So orientiert sich die Sensei im besten Fall nicht nur daran, wer in dieser Stunde erschienen ist, ob es eine gerade oder ungerade Anzahl ergibt (wichtig für die Aufteilung in PartnerInnen-Übungen) und so weiter, sondern auch, in welcher Verfassung sich die Gruppe befindet, welche Stimmungen auftauchen und welche Schwingungen spürbar werden. Jede/r LehrerIn erlebt das – gleich wo wer was unterrichtet – je nach eigener Wahrnehmungsbereitschaft. Auch im Karate erscheint es zunächst wie »in der Schule«, denn es soll strenggenommen nicht geredet werden. Und dies nicht, um den autoritären japanischen Militärstil im Karate zu kopieren, sondern damit sich jede Frau und jedes Kind ganz auf sich konzentrieren kann. Oft zeigt sich nämlich, dass Frauen und Kinder von sich selbst und anderen erwarten, zu helfen, um damit dem Erziehungsideal der Hilfsbereitschaft zu entsprechen. Das geht so weit, dass mitunter eine Teilnehmerin, die selbst gerade erst drei Unterrichtsstunden hatte, einer Probeteilnehmerin die Technik erklärt oder sie korrigiert. Das hat zwei Nachteile: 1. Ungesichertes Wissen überträgt sich; 2. Die Karateka sind nicht bei sich selbst, sondern bei den anderen – das, was Frauen

ohnehin gern tun. Kurz: das Helferinnensyndrom oder das »Fortgeschrittenendenken« stellt sich ihnen in den Weg. Und noch etwas stört: selbst wenn die Neue sich scheinbar »ungeschickt« anstellt ... als ihre Partnerin muss ich immer mit den gegebenen Bedingungen zurechtkommen, denn auf der Straße fragt auch keiner nach, wie er denn angreifen soll.
Falls eine Trainingssituation zu schwierig wird, sind die Karateka aufgefordert, die Sensei mit Handzeichen zu rufen, strenggenommen sich erst zu verneigen und zu fragen. Diese greift dann erklärend ein. Übrigens nur so weit, wie die zu korrigierende Person es verkraften kann. Das einzuschätzen und umzusetzen, ist allein Aufgabe der Sensei. Denn sie beobachtet und macht sich über die Entwicklung der einzelnen Karateka und deren Anliegen viele Gedanken.

In der Abschlussrunde ist es hingegen wichtig und gut, zu reden. Sie ist ein hervorragendes Übungsfeld, um in kleinen Schritten positive Sprache zu praktizieren. Ohne Korrektiv würde die Runde am Ende der Stunde schnell zu einer Klagerunde werden.[38] Denn das sind wir ja alle gewohnt: das zu benennen, was nicht gut geklappt hat, was wir schwierig finden (so vielem Neuen zu begegnen), was gerade bei uns besonders wenig funktioniert (die Koordination), woran wir noch arbeiten müssen (die Kondition) und was wir wahrscheinlich niemals lernen werden (die kommentarlose Konzentration). Aber Vorsicht!
Jede »Beschwerde« zieht eine Haltung nach sich, die wiederum weiter in das Ungenügende hinab reicht. Nur eine positive Vision, praktiziert in echter Dankbarkeit, kann dem entgegenwirken. Und – wir haben immer die Wahl:

Jede »Beschwerde« zieht eine Haltung nach sich, die wiederum weiter in das Ungenügende hinab reicht

> *»Ob du denkst, du kannst es oder du kannst es nicht –*
> *in beiden Fällen hast du Recht.«*[39]

Nicht nur das Denken, sondern gerade das Aussprechen hat hier eine enorm prägende Funktion. Deshalb gibt es die schöne Konvention des Wünschens, ob wir uns nun zum Jahrestag Glück oder einfach nur einen schönen Tag wünschen. Aber es gibt auch die Praxis des »Ver-Wünschens«, die eine Art magische

38 Was übrigens gern schon zu Beginn passiert, wenn alle aufgefordert sind, auf körperliche Einschränkungen hinzuweisen, da wir keinen selbstzerstörerischen Leistungssport, sondern Gesundheitssport ausüben wollen.

39 Henry Ford, amerikanischer Automobilproduzent, 1863 – 1947.

Heraufbeschwörung bedeutet. Richten wir Verwünschungen in Form von negativen Worten nun auf uns selbst, so gelangen wir in einen Strudel aus »Self fulfilling prophecies«, die unseren Geist auf Dauer noch mehr in die eine Richtung des Nicht-Könnens, Nicht-Genügens, Nicht-Beherrschens drängen. Wie fatal, denn ganz gleich, ob wir negativ über uns selbst oder andere sprechen, die Wirkung nimmt direkten Einfluss auf unser Unbewusstes: Das kannst du nicht!

Genug der Klage. Was können wir tun? Gehen wir in die Praxis des Dojolebens. Zunächst ist es wichtig, dass die Sensei am Ende der Stunde eine Frage stellt, die zu positiver Selbstdarstellung hinführt. Gleichzeitig soll sie aber auch von einem Bewerten (oftmals der Unterrichtsstunde) wegführen. Bestenfalls ist das Ergebnis die wertfreie Benennung der eigenen Fortschritte oder Entwicklung, gern auch verbunden mit Freude und Eigenlob. Denn Eigenlob stimmt, so wissen wir heute besser als in den Zeiten »falscher Bescheidenheit«, in denen es Usus war, sich selbst aus »taktischen Gründen« gering zu schätzen und von »meiner Wenigkeit« zu sprechen. Die Frage wäre also: Was hast du heute beobachtet, an dir oder an anderen, was hat dich inspiriert und/oder was ist dir heute besonders gut gelungen? Allein eine solche Frage bringt schon viele in Bedrängnis, denn wir sind es nicht gewohnt, in dieser Art über uns zu sprechen. Stattdessen reden die meisten in der Abschlussrunde darüber, wie gut oder wie schwierig sie die Stunde fanden. Sie reden also über anderes und nicht über sich oder sie relativieren ihre Aussagen so stark, dass »eigentlich, irgendwie, einigermaßen …« doch nichts Positives übrig bleibt.

…eine neue Sprache mit sich selbst und anderen üben…

Am Ende eines jeden Trainings gibt es also bei Chikara die Möglichkeit, eine neue Sprache mit sich selbst und anderen zu üben und hineinzuspüren, wie »peinlich« oder »komisch« sich das ausgesprochen anfühlt: »Ich habe heute gestaunt, wie leicht mir die Trittkombinationen fielen, und dabei gemerkt, dass mein Körper sehr viel abgespeichert hat.« »Meine Kata ist mir heute besonders ausdrucksstark gelungen.« Welches Statement! Ohne Wenn und Aber auf einen beruflichen Zusammenhang übertragen werden wir – vor allem in

der Männerwelt – einfach ernst genommen.[40] Wenn eine positive Selbstaussage wirklich von innen kommt, dann ist es wie der Unterschied zwischen Sich-schön-Machen und Sich-schön-Fühlen: Das Erste tun Sie für andere, das Zweite strahlt aus sich selbst heraus.
Wichtig ist: sich selber ernst nehmen und die Stärken benennen. Das erzeugt eine eigene Realität. Leider bemerke ich immer wieder, sogar im Training, dass Frauen und auch Kinder sehr schnell zu verunsichern sind. Häufig wird auf eine Anweisung mindestens noch einmal nachgefragt. Ich wiederhole sehr bewusst denselben Satz noch einmal, um die anderen dahin zu führen, ihr Hören zu schulen bzw. noch weiter: ihrem eigenen Hören zu trauen. Es ist ein wichtiger Aspekt von Selbstverteidigung, dass wir unseren eigenen Sinnen trauen. Wenn jemand kontinuierlich nachfragt, so ist das nicht nur ein Zeichen von Verunsicherung, sondern im beruflichen Kontext auch ein Signal für Inkompetenz. Diese Person traut sich nicht, traut ihren eigenen Wahrnehmungen nicht, d.h. auch, sie traut sich nichts zu. Sich trauen, sich zutrauen, vertrauen … die Sprache offenbart es. Das genaue Hinhören und das selbstbestimmte Handeln aufgrund der Informationen sind Zeichen von Selbstermächtigung und Größe. Die »Gefahr«, einen Fehler zu machen, ist niemals so groß wie die Gefahr, seine Eigenmacht zu verlieren.
Apropos »seine« Eigenmacht …

Um dies und vieles andere zu unterstreichen, üben sich die Unterrichtenden im Dojo in einer geschlechtersensiblen und inklusiven Sprache[41]. Das klingt für ungeübte Ohren zunächst komisch, ist meines Erachtens aber die einzig denkbare Konsequenz – zumindest in der Arbeit mit Frauengruppen. Oder warum sollte ich dort sagen: »Jeder holt sich jetzt ein Schlagpolster und nimmt sich einen Partner« (anstelle von »jede« und »Partnerin«), wo doch nur Frauen im Raum sind? Aber wir sind es einmal mehr nicht besser gewohnt. Für mich, die ich schon seit Jahrzehnten in Frauenbildungshäusern arbeite und mich in

40 Bitte wundern Sie sich nicht, wenn Ihre positive Redeweise auf eine »negative Hörweise« trifft. Viele sind es nicht gewohnt, dass jemand – ganz ohne Ironie – die positiven Dinge benennt, und missverstehen das. So ergeht es mir im Alltag häufig, wenn ich eine Situation oder einen Menschen wertschätze und auf Unglauben und Irritation stoße.

41 Hervorragende Inspiration und kompetente Vorschläge hierzu liefert der Leitfaden der Gleichstellungsbeauftragten Uni Köln/ Gäckle, Annelene: ÜberzeuGENDERe Sprache. Köln 2013.

emanzipierten Frauenkreisen bewege, ist es relativ normal, so zu sprechen. So normal, dass sich die Jungs in den Kindergruppen manchmal eben auch diskriminiert fühlen, wenn ich sie nicht benenne. Aha! »Die Grenzen meiner Sprache bedeuten die Grenzen meiner Welt.«[42] Aber als ich in einer zufällig reinen Frauengruppe meinen »Übungsleiterschein« gemacht habe, musste ich mich mit »Teilnehmer«, »Handballer« und »Gegner« angesprochen fühlen!

»Dass Frauen zwar häufig mitgemeint, selten jedoch mitgedacht werden, zeigen zahlreiche sprachwissenschaftliche und psychologische Studien. Sprache bildet also nicht nur gesellschaftliche Strukturen ab, sondern prägt auch unsere Wahrnehmung. Berufsbezeichnungen waren bis in die 1990er Jahre hinein überwiegend maskulin und spiegelten wider, dass es in der Vergangenheit Männern vorbehalten war, diese Berufe auszuüben. Heute noch trägt Sprache dazu bei, diese Zuschreibungen aufrecht zu erhalten.« ÜberzeuGENDERe Sprache, S. 4[43]

Inklusive Sprache ist eine Frage der eigenen Flexibiltät

Dabei ist eine inklusive[44] Sprache nicht nur eine Frage der Genauigkeit und Eindeutigkeit, sondern auch meiner eigenen Flexibilität. Natürlich ist es nicht leicht, sich nach lebenslanger Gewohnheit umzustellen. Für sehr viele war es auch undenkbar, sich mit einer neuen deutschen Rechtschreibung zu arrangieren. Aber Veränderungen sind eine sinnvolle Praxis, um nicht nur die Gesellschaft, sondern auch die eigene Starrheit und Abhängigkeit von gewohnten Mustern zu überwinden. So wie wir in der Kampfkunst versuchen, Änderungen als Erweiterungen unseres Handlungsvolumens zu begreifen (neue Handpositionen, Abfolgen von Trittkombinationen, Angleichungen in Katas und so weiter) und flexibel mit dem Erlernten umzugehen, so können wir auch unsere Sprache als Teil eines lehrreichen Prozesses begreifen.

42 Wittgenstein, Ludwig: Tractatus logico-philosophicus. Logisch-Philosophische Abhandlung, Satz 5.6., S. 118.

43 Mir ist aufgefallen, dass gerade Frauen aus dem ostdeutschen Raum die maskulinen Berufsbezeichnungen bis heute verwenden. Wäre der Preis der Freiheit, in männlichen Berufen arbeiten zu dürfen, zugleich das Verschwinden des eigenen Geschlechts?

44 Mit »inklusiver Sprache« ist eine Schreib- und Redeform gemeint, die alle Personengruppen, vor allem Minderheiten, mit einbezieht. Sie kann sich also auch auf barrierefreie Wendungen beziehen. Im Rahmen dieser Sprachkritik ist es schwierig, klare Definitionen mit dem Ziel der dauerhaften Gültigkeit zu formulieren, da die Anforderungen variieren. Sehr lobenswert in diesem Zusammenhang ist die »Bibel in gerechter Sprache«, die geschlechtergerechte, soziale und auf den christlich-jüdischen Dialog bezogene Gerechtigkeit anstrebt. Weitreichend wichtig ist ebenfalls das geschlechtergerechte Grundgesetz 2012: https://sites.google.com/site/geschlechtergerechtesgg.

Dazu gibt es mehr Möglichkeiten, als allgemein bekannt ist. So können zahlreiche neutrale Formulierungen das Geschlecht »unsichtbar« machen oder aber das »Sichtbarmachen« die Vielfalt der Geschlechter zeigen: Es gibt die Beid-Nennung (Teilnehmerinnen und Teilnehmer), das Splitting (Teilnehmer/innen oder Teilnehmer/-innen), das Binnen-I (TeilnehmerInnen), Gender-Gap (Teilnehmer_innen) und Gender-Sternchen (Teilnehmer*innen), die auch Inter- und Transsexualität miteinbeziehen, sowie zahlreiche Möglichkeiten zur genderneutralen Formulierung. Hier wird die Kreativität der Sprechenden ganz neu gefordert, Tradiertes darf umgeformt, Überholtes angepasst werden. Manchmal wird das ganze linguistische Feingefühl und Potenzial gefordert – insbesondere, wenn es sich um abhängige Pronomina oder um Stereotype (Meisterschaft, Hausmannskost, Vordermann) handelt: »Wer zu spät kommt, *die* bestraft das Leben.«
Mich wundert es, dass ich sogar in scheinbar aufgeklärten Kreisen (in meinen Kursen, Seminaren und an den Universitäten) auch von weiblicher Seite teilweise belächelt, teilweise kritisiert werde. Zu kompliziert sei das, zu plakativ gegen die Männer gerichtet oder aber nur eine vorübergehende Übertreibung einiger überholter Emanzen. Natürlich sehe ich das anders und hoffe einfach, dass viele konsequente Vorbilder und VorreiterInnen dazu animieren, sich sowohl die Mühe als auch die Zeit zu nehmen, mit einer geschlechtersensiblen und inklusiven Sprache zu beginnen.

Ändere deine Sprache und du änderst deine Welt.
Ändere deine Perspektive und du änderst dein ganzes Leben.

Was passiert, wenn die Sprache *und* die Perspektive sich ändern und einer Sprachgemeinschaft ganz ungewohnte Realitäten spiegeln? Vielleicht sollten sich noch viel mehr Institutionen so radikal für die geschlechtergerechte Sprache einsetzen wie die Universität Leipzig: Dort hatte der Erweiterte Senat 2013 beschlossen, auf die Verwendung männlicher Berufsbezeichnungen zu verzichten und beispielsweise nur noch die Formulierung »Professorin« für Lehrende beider Geschlechter zu verwenden. Das wäre nur konsequent gewesen, da Frauen zurzeit dort in der Mehrheit sind. Die dadurch entstandene heftige öffentliche Diskussion zeigt, wie sensibel dieser Bereich ist.[45]

Erst wenn Frauen in der Sprache in Erscheinung treten,
sind sie der Rede wert.

45 »Der Erweiterte Senat der Hochschule hatte kürzlich beschlossen, in seiner Grundordnung auf die Verwendung männlicher Berufsbezeichnungen zu verzichten und in dem Dokument beispielsweise nur noch die Formulierung ›Professorin‹ für Lehrende beider Geschlechter zu verwenden. Daraufhin waren bei der Hochschule teils heftige Reaktionen eingegangen. ›Wir haben da offenbar einen wunden Punkt getroffen. Es ist die Furcht zu erkennen, da setzten sich nun die bösen gefährlichen Feministinnen durch‹, sagte Schücking der ZEIT. ›Ich finde es gut, wenn das Thema jetzt Öffentlichkeit bekommt. So eine kleine Provokation, das passt zu uns, zur Leipziger Uni-Kultur.‹« DIE ZEIT vom 19.06.2013.

Philosophie und Praxis: »Wer Adam sagt, muss es auch Eva sagen.«[46]
Die eigene Redeweise optimieren – positiv, inklusiv, gerecht

Erster Schritt: Machen Sie das Experiment »Complaintfree Mind«[47] mit und lassen Sie einfach für 21 Tage am Stück alle Beschwerden, alles Lästern und Klagen raus aus Ihrem Sprechen. Machen Sie die Übung zu zweit, bitten Sie jemand anders, Sie zu coachen.

Zweiter Schritt: Entwickeln Sie ein Gefühl für die sprachlichen Stolpersteine. Vermeiden Sie doppelte Negationen. Sie entstanden in einer Zeit, in der es als höfisch-höflich galt, sich selbst zu »bescheiden« im Sinne von »ich bin nicht unvermögend« (anstelle von »ich bin reich«). Phrasen wie diese und »nicht schlecht« oder »ohne Zweifel« legen immer den Fokus auf eine Perspektive ex negativo und führen zu einem Denken aus dem Mangel heraus.
Zeigen Sie Mut zur positiven Aussage und konsequenten klaren Sprache. Probieren Sie aus, ob es Ihnen gelingt, die Dinge »ex positivo« zu formulieren; also immer aus der Perspektive »das Glas ist halbvoll«. Verwenden Sie positive Aussagen wie z. B. anstelle von »vergiss nicht«: »denke an«, anstelle von »nicht fallen lassen«: »gut festhalten« und so weiter. Das macht einen riesigen Unterschied im Denken und Handeln. Korrigieren Sie sich auch in Kleinigkeiten, z. B. anstelle von »das lass ich mir nicht entgehen«: »da mache ich gerne mit«. Sie werden sich wundern, wie oft wir völlig unreflektiert ex negativo sprechen.
Entwickeln Sie eine lösungsorientierte Sprache: »Bitte halten Sie Abstand« anstelle von »Kommen Sie mir nicht so nahe«. »Sprechen Sie in einem respektvollen Ton« anstelle von »Hören Sie auf, so mit mir zu reden«.

Dritter Schritt: Versuchen Sie insgesamt so wenige Negationen wie möglich zu benutzen. In einem Experiment hat sich herausgestellt: Wenn jemand nach einem verlorenen Gegenstand sucht und immer denkt, »ich kann die Brille einfach nicht finden«, ist die Wahrscheinlichkeit, dass sie oder er den Gegenstand nicht findet, doppelt so hoch als wenn er/sie sagt, »ich weiß genau, die

46 Dank an meinen Kollegen Mike Meister für diesen vieldeutigen Satz! Vergleiche: www.mike-meister.de

47 Bowen, Will: Einwandfrei, München 2008.

Brille muss hier irgendwo sein …«, oder eine ähnlich positive Vermutung äußert (oder sogar nur denkt). Viele Negationen sind reine Gewohnheit oder Unsicherheit: »Können *Sie* nicht einmal nachfragen« anstelle von »Bitte fragen Sie einmal nach«. Seien Sie klar.
Vermeiden Sie kleinmachende und schwammige Relativierungen wie »eigentlich«, »irgendwie«, »halt«, »ganz« und so weiter. Verzichten Sie auf das Wort »müssen«: Sie machen es sich selbst leichter. Und vermeiden Sie Ironie und Sarkasmus, denn diese erzeugen immer Gegengift und dienen nicht der Klärung oder dem echten Gespräch.

Vierter Schritt: Wenden Sie gendergerechte Sprache an oder bemühen Sie sich immer wieder darum. Seien Sie mutig – auch wenn es Ihnen zunächst peinlich und umständlich erscheint. Nehmen Sie als Frau die feminine Form in Berufs- und Gruppenbezeichnungen an: »Ich bin Architektin, Polizistin, Bürgerin, Kundin, Fußgängerin, Vegetarierin, Mitarbeiterin« und so weiter. Solange Frauen männlich denken, weil sie in eine maskuline Sprache hineingezwängt sind, ist das kein freier Selbstausdruck. Es können keine weiblichen Vorbilder und Vorstellungen entstehen, wenn ich von einer Frauenstimme auf meiner Yoga-CD mit den Worten »Ich bin Ihr Dirigent« begrüßt werde und in öffentlichen Vorträgen vor einer großen Mehrheit an Frauen von »Sie als Unternehmer« gesprochen wird. Sprechen Sie in/vor reinen Frauengruppen in der weiblichen Form: »Partnerin«, »Teilnehmerin«, »Trainerin«; passen Sie auch kleine Partikel an: »jede von uns, eine andere, die nächste ...«. Seien Sie selbstsicher und innovativ, sich selbst in der Sprache zu benennen und einzubringen, sich also auch durch die weibliche Gruppenbezeichnung positiv als Frau zum Ausdruck zu bringen und damit dem Verschwinden im generischen Maskulinum zu entgehen.
Sagen Sie »ich« statt »man« – und nur, wenn es sich nicht anders umschreiben lässt, »man« bzw. »frau«. »Frau« klingt vielleicht seltsam, weil es ungewohnt ist, noch seltsamer ist es jedoch, in einer Frauengruppe zu sagen, man kann das auch anders machen. Außerdem wird das »man« oft benutzt, um sich hinter einer Aussage in der Verallgemeinerung zu verstecken. Ein klares Statement dagegen braucht die Ich-Aussage.

Lassen Sie sich von Redensarten und Sprichwörtern nicht aus dem Konzept bringen, sondern werden Sie kreativ und benutzen Sie zum Beispiel mutig das Partizip: »Viele Kochende verderben den Brei«.
Es gibt zahlreiche Möglichkeiten, achtsam und innovativ in der Sprache unterwegs zu sein. Nehmen Sie sich selbst in Ihrer Sprache bewusster wahr. So entsteht Selbst-Bewusstsein.

So entsteht Selbst-Bewusstsein

Natürlich werden Sie dabei auf den Widerstand stoßen, der alles Neue und Kreative ablehnt – wie zum Beispiel auch die neue deutsche Rechtschreibung. Aber eine Sprache verändert sich und manchmal braucht sie Anstöße, um gesellschaftliche Veränderungen zu beflügeln. Sogar die negativen Botschaften wie die vom spät Bestraftsein können und dürfen Sie nach eigenem Gusto umwandeln: «Die zur rechten Zeit erscheinen, werden vom Leben belohnt!«
Also: Ändere deine Sprache und du änderst deine Welt! Und:

»Sei du selbst die Veränderung, die du dir für diese Welt wünschst.«

(M. Gandhi)

Übungen und Materialien zur positiven Sprache und Redeweise

Formulieren Sie um und spüren Sie dem Unterschied nach!

1. Ex negativo und *doppelte* Negationen

Nichts für *un*gut!
Kein schlechter Gedanke/*Keine schlechte* Idee!
Kein Problem!
Da kann man *nicht meckern.*
Wie geht´s dir? – Gut. Ich kann *nicht klagen.*
Das ist *nicht ohne*!
Mach uns *keine Schande*!
Das ist *nicht* von *schlechten* Eltern!
Hals- und Beinbruch!
Ich bin *kein* Kind von *Traurigkeit.*

Da kann ich *nicht nein* sagen.
Da habe ich *nichts dagegen.*
Das ist ja einfach *tadellos*!
Sie werden diesen Abend *nicht bereuen.*
Du sollst ja *nicht zu kurz* kommen.
Das ist *nicht* zu *verachten.*
Wie war´s denn? – Prima. Das kann ich *nicht anders* sagen.
Ich möchte Sie *nicht* länger *langweilen.*
Ich will *nicht* arbeits*los* werden.
Lasst uns *keine* Zeit *verlieren.*
Ich will Ihnen das *nicht vorenthalten.*

Ohne Zweifel!
Tun Sie sich *keinen Zwang* an.
Sie hat *nicht* ganz *Un*recht.
Keine Angst!
Das lässt sich *unschwer* erkennen./*Unverkennbar*!
Ich möchte Ihre Zeit *nicht unnötig* in Anspruch nehmen.

Positive Beispiele

Gern geschehen!
Tolle Idee!
Mach ich doch gerne!

Grundsätzlich habe ich *nichts dagegen*.
Ich will mir *nicht* so einen *Stress* machen.
Red *keinen Unsinn*!
Mach *keinen Blödsinn*!
Das ist ja *nicht* zu *übersehen*!
Na, da kann ja *nichts* mehr *schiefgehen*!
Das war schon *gar nicht schlecht*.

2. Relativierungen/»Weichmacher«: Stehen Sie zu dem, was Sie sagen!
Eigentlich finde ich das *ganz* gut. Ich finde das gut.
Das kam mir dann *halt ziemlich* gelegen.
Irgendwie ist das seltsam.
Eigentlich bin ich doch *schon ganz schön* sauer.

3. Aggressive Sprache: Bleiben Sie auf dem Boden der Tatsachen!
Diese Nachbarn treiben mich noch in den *Wahnsinn!*
Ich ärgere mich über den Lärm.
Deine Ungeduld macht mich total *krank*.
Dann will ich das mal *in Angriff nehmen*.
Schieß mal los!
Ich *hasse* es, so lange zu warten.
Dieser Auftrag ist eine einzige *Katastrophe*.

4. Entstressen Sie: Ohne »muss« und »aber«,
probieren Sie in einem ersten Schritt »ich sollte«, dann »ich kann, wenn ich will«:
Heute muss ich noch einkaufen.
Diese Woche muss ich dringend zum Friseur.
Ich muss unbedingt früher schlafen gehen.
Ich muss jeden Tag kochen.
Ich muss noch lernen/üben/arbeiten.

Verbinden Sie gedachte Gegensätze und ersetzen Sie »aber« durch »und«.
Ich finde das interessant, *aber* ich bin anderer Meinung.
Ich finde das interessant, *und* ich bin anderer Meinung.

5. Überprüfen Sie die Wirkung von Redensarten, Zitaten, Floskeln …
Was lösen diese Sätze bei Ihnen aus? Welche Assoziationen entstehen?
Hören Sie eine positive oder eine negative Botschaft? Was wäre die neutrale Aussage?

Formulieren Sie um oder finden Sie das Gegenteil!
Die Hoffnung stirbt zuletzt.
Was Hänschen nicht lernt, lernt Hans nimmermehr.
Mädchen, die pfeifen, und Hühnern, die krähn, soll man beizeiten die Hälse umdrehn.
Auch ein blindes Huhn findet einmal ein Korn.
Das Leben ist kein Wunschkonzert.
Der Faule wird erst abends fleißig.
Den Vogel, der morgens pfeift, holt abends die Katze.
Ein leichter Schlag auf den Hinterkopf erhöht das Denkvermögen.
Ein Spatz in der Hand ist besser als eine Taube auf dem Dach.
Ein Unglück kommt selten allein.
Wer andern eine Grube gräbt, fällt selbst hinein.
Einbildung ist auch eine Bildung.
Eine Krähe hackt der anderen kein Auge aus.
Steter Tropfen höhlt den Stein.
Einsicht ist der erste Weg zur Besserung.
Hochmut kommt vor dem Fall.
Der Esel nennt sich selbst zuerst.
Eigenlob stinkt.
Viele Köche verderben den Brei.
Wer flüstert, der lügt.
Zwei Doofe, ein Gedanke.
Der frühe Vogel fängt den Wurm.
Keine Antwort ist auch eine Antwort.
Was du heute kannst besorgen, das verschiebe nicht auf morgen.
Eine Schwalbe macht noch keinen Sommer.
Man soll den Tag nicht vor dem Abend loben.

Erinnern Sie sich?

Notieren Sie spontan eigene, positive Beispiele wie *Morgenstund hat Gold im Mund.*

Werden Sie kreativ und sprechen Sie positiv: *Eigenlob stimmt! Aller Anfang ist leicht.*

4

Dem Chi eine Richtung geben oder: Den Trichter umkehren

Wer nichts weiß, muss alles glauben!

Im Jahre 1647 hat der Begründer des »Pegnesischen Blumenordens«, einer barocken Sprachgesellschaft, sein Werk über die deutsche Dichtkunst, den »Poetischen Trichter«[48], herausgebracht. Aus dem im Grunde ernstgemeinten Anliegen, die Lernbarkeit der Dichtkunst zu behaupten, ist das geflügelte Wort vom »Nürnberger Trichter« entstanden. Gemeint ist damit, dass LehrerInnen anderen mit der nötigen Konsequenz einfach etwas »eintrichtern« können, ohne dass diese einen Teil dazu beitragen müssten. Zu diesem Zwecke gab und gibt es »Pauker«, Gelehrte, Magistra, Scholaren, PfarrerInnen, privat und öffentlich Lehrende, Schulmeister und Professorinnen. So wie damals das Erlernen des Lateinischen dem Klerus und dem Adel vorbehalten war, so konnte das Wissen nur von bestimmten Personen an »Unwissende« weitergegeben werden.

Das Denken über die Lehrbarkeit von Wissen hat unsere Lernkultur entscheidend geprägt. Mit Erstaunen begegne ich der entsprechenden Grundhaltung immer wieder im Dojo – ob bei Kindern oder Erwachsenen: »Das haben wir erst ein Mal gemacht«, »das habe ich noch nicht gezeigt bekommen«, »das musst du mir nochmal langsam zeigen«, »das hatten wir noch nicht«, »sollten wir das üben?« So oder ähnlich hört sich das an, wenn keine Verantwortung für das eigene Lernen übernommen wird. Dabei ist doch der wichtigste Punkt unserer Chikara-Dojoregeln die Nr. 9:

> *»Du bist letztendlich selber verantwortlich für das, was du lernst. Die Sensei und die Regeln schaffen nur ein Umfeld, in welchem so etwas stattfinden kann. Selber nachdenken über viele Sachen und Prinzipien, deine Rolle und die der anderen gehört auch dazu, ein/e Karateka zu sein. Verantwortung zu übernehmen für dein Lernen, das Dojo, die Atmosphäre und so weiter ist einerseits Voraussetzung, anderseits ein immer ausgesprochenes Angebot.«*

48 Harsdörffer, Georg Philipp: Poetischer Trichter – Die Teutsche Dicht- und Reimkunst/ ohne Behuf der Lateinischen Sprache/ in VI. Stunden einzugiessen. Nürnberg 1648–1653. Reprografischer Nachdruck: Georg Olms Verlag, Hildesheim/ New York 1971. Harsdörffer war – wie mein Vorfahre, der Grammatikforscher Justus Georg Schottelius – Mitglied in der »Fruchtbringenden Gesellschaft«, über deren Wirken uns Günter Grass in seiner Erzählung »Das Treffen in Telgte« so anschaulich berichtet.

Das ist für viele ein ganz neues und dem westlichen Denken entgegengesetztes Lernen. Nicht die LehrerInnen sind verantwortlich, sondern du selbst. Sogar die Inhalte sollst du dir im Wesentlichen selbst erarbeiten. In der Unterrichtsstunde werden die Techniken zwar präsentiert und im Prinzip erklärt, du musst sie dir aber selber aufschreiben, alles selber üben und präsent halten und dir auch noch das Hintergrundwissen dazu organisieren. Denn es gibt noch nicht einmal ein Buch über Shuri-ryu-Karate – schon gar nicht über den speziellen Stil, den wir bei Chikara trainieren. Und warum? Einmal ist es wichtig, die Details der feministischen Kampfkunsttradition im Verborgenen zu halten (ebenso, wie die Geheimlehre sonst auch nur vom Meister, meist Vater, auf den Schüler übertragen wurde), zum anderen soll es verhindern, dass das eigentliche Trainieren zu einem »Denk-Sport« wird. Zu gerne verlagern sich die Übenden dann auf ein Lesen, Verstehen und Auswendiglernen, anstatt körperlich zu üben. Nur durch Praxis und nicht über den Kopf kann das so wesentliche Körperwissen aufgebaut werden.
»Die am meisten vernachlässigte Disziplin im Karate ist das Training«, erklärt auch Bruce Lee in seinem Standardwerk »Jeet Kune Do«, in dem er seine erstaunlichen Kenntnisse über die Kunst des Kampfes und dessen psycho-physische Hintergründe zusammenträgt.[49]

Nun werden wir den Trichter einmal umdrehen. Das Dojo bietet eine gute Gelegenheit, ein neues Lernen auszuprobieren – nämlich einfach zu üben. Das Typische am Karate ist, dass mit vielen Wiederholungen gearbeitet wird: Fauststöße, Tritte, Blöcke ... alles auf Japanisch angezählt und mit oder ohne Variationen geübt. Auf diese Weise lernt der Körper ohne nachzudenken, und es kommt zu dem schönen Effekt, den es zum Beispiel auch beim Spielen von Musikinstrumenten gibt: Ab einer bestimmten Spielsicherheit läuft es einfach. Ja, es ist sogar umgekehrt ein Hindernis, wenn das Denken einsetzt, denn dann sind wir plötzlich irritiert und überlassen den Körper nicht mehr sich selbst. Sobald wir über einen Ablauf nachdenken, funktioniert die Bewegung plötzlich nicht

49 Lee, Bruce: Jeet Kune Do. Hrsg. v.. Linda Lee. Dt. Ausgabe 1998. Dieses Buch spiegelt deutlich wider, wie sehr sich Lee, der neben Schauspiel auch Philosophie und Psychologie studiert hatte, mit geistigen Dimensionen von Martial Arts beschäftigte.

mehr. Body Perkussion und Rhythmusübungen sollen das in meinen Seminaren offenlegen und verändern.
Ein Vorteil des Wiederholungs-Lernens ist, dass wir uns auf andere, wesentliche Dinge konzentrieren können: den Atem, die Haltung und den Fokus auf den Fluss der Chi-Energie aus unserem Innern. In diesem Moment geht es nicht mehr um unser klassisches »richtig und falsch«. Wir lassen uns auf den achtsamen Augenblick des Übens ein und erreichen so eine andere, ganzheitliche Art des Bewegt-Seins. Und eine viel stärkere Energie: Wir geben unserem Chi eine Richtung! Im Zusammenspiel aus Atem, Fokus und Technik erreichen wir mit der Wiederholung eine Dimension von Energie, die über Kraft hinausgeht. Diese Energie baut sich im gesamten Körper auf und fließt durch ihn hindurch, bis sie sich im Kiai, dem Kampfschrei, wörtlich dem »Zusammenkommen von Energie in Harmonie«, entlädt.

Unser Wissen wird durch Bewegung in allen Zellen gespeichert

Das ist viel wichtiger als das Erlernen von Namen oder technischen Abläufen. Unser Wissen wird durch Bewegung in allen Zellen gespeichert. Körperwissen und Kopfwissen sind eins. Unser Körper *ist* unser Geist!

Und wie verhält es sich nun mit »richtig oder falsch«? »Ich kann doch nur aus meinen Fehlern lernen«, höre ich so oft. Die Wahrheit oder das »Richtige« ist meines Erachtens eine Fiktion, eine gesellschaftliche Übereinkunft – so wie die Tastatur einer Schreibmaschine festgelegt oder nach dem »Uhrzeigersinn« vorgegangen wird. Erstaunlicherweise verhält es sich bei der Tastatur genau anders als »logisch« erwartet: Die Buchstaben sind extra so angeordnet, dass sie schwerer zu kombinieren sind, damit sich die »Typen« bei den älteren Schreibmaschinen nicht ineinander verhaken! Auch den Uhrzeigersinn, der so logisch scheint, gab es früher einmal in beide Richtungen![50]
Vorsicht, wenn jemand behauptet, es gehe ihm oder ihr um die Wahrheit: Ich will doch nur die Wahrheit sagen/wissen … »Richtig und falsch« werden oft nur benutzt, um im Recht sein und bleiben zu können, also als Strategie der »Selbst-Behauptung« und Überordnung unseres Egos. Im Dojo kann sich alles an Techniken, Ausführungen und Namen ändern; das Beständige ist hier der Wandel, und von heute auf morgen kann das scheinbar »Richtige« falsch sein.

50 Vergleiche: Siegfried Wetzel: Links und rechts drehende Sonnen- und Mondzeiger auf astronomischen Uhren. http://www.swetzel.ch/uhren/linksrechts/linksrechts.html

Manchmal ist Veränderung auch nur etwas, was den Lernenden so erscheint. »Das habe ich noch nicht gezeigt bekommen« erweist sich oft als ein »das habe ich noch nicht hören können« (obwohl es vielleicht schon ganz oft gesagt wurde).

Immer wieder kommt es vor, dass Karateka, die sich auf ein Aneignen von Wissen beschränken, ohne sich auf die Energiearbeit einzulassen, enttäuscht sind, weil sie nicht zur nächsten Gurt-Präsentation eingeladen werden. Sie verwechseln Fortschritt durch Machen mit Fortschritt durch Sein. Das Machen bringt zwar unsere Fähigkeiten voran, unser Wachstum jedoch wird durch das Verändern von Eigenschaften beflügelt – und die beziehen sich immer auf das Sein. Hier prallen zwei unterschiedliche Lern- und Lebenshaltungen aufeinander. Ein bereits mit (Vor-)Wissen angefüllter Geist ist nicht mehr offen für echtes Lernen. Wer schon alles weiß, hat keine Ahnung! Hören wir uns dazu die Geschichte »Leere deine Schale« an.

»Bist du sicher?« Kalligraphie von S. Schottelius.

4

Eines Tages besuchte eine angesehene Professorin die Meisterin der Kampfkunst. »Ich bin von weither gereist, weil ich gehört habe, dass Sie eine große Meisterin des Kara-te, der Kunst der leeren Hand und des leeren Selbst, sind. Ich habe mich intensiv mit den Philosophien des Daoismus und des Zen beschäftigt. Können Sie mir erklären, was das leere Ich wirklich bedeutet und wie es das Mitgefühl in der Welt vergrößern kann?«

Die Sensei bereitete gerade Tee zu und schenkte dem Gast eine Tasse ein. Sie goss die Tasse voll und immer voller, bis diese überlief und der Tee auf den Boden floss. Endlich rief die Professorin außer sich: »Aber, Meisterin, die Tasse ist doch voll, es läuft ja alles über!« »Sehen Sie«, sagte die Sensei, »wie diese Tasse hier ist auch Ihr Geist schon ganz angefüllt mit Wissen. Nichts mehr passt hinein. Sie müssen erst Ihre Schale leeren und den Geist ganz frei machen, damit Sie wirklich etwas aufnehmen können.«

Wer schon alles weiß, hat keine Ahnung

Diese in vielen Variationen überlieferte asiatische Anekdote handelt von unserem »Immer-bereits-Wissen«, einer Haltung, die das Wachstum blockiert, weil sie auf ihr bestehendes Wissen pocht oder an einem überlieferten Wissen festhält. Das Lernen ist von der Instruktion durch Besserwissende abhängig und damit anfällig für Manipulation – eine »Unter-weisung« im Sinne einer Einordnung in Rangsysteme und basierend auf dem Konkurrenzprinzip.
Ganz anders verhält es sich mit dem Lernen als ungehinderter Interaktion. Hier kann theoretisch jede/r von jeder/m lernen, verschiedene Altersgruppen und Trainingsniveaus können miteinander üben; eine Entwicklung entsteht durch Neugierde, Nachahmung, Staunen und Ausprobieren.[51] Dieses Konzept finden wir besonders in der anthroposophischen Pädagogik realisiert. Es kann aber auch in einem Dojo praktiziert werden. »Probieren geht über studieren«, oder »Wer niemals vom Weg abkommt, bleibt leicht auf der Strecke!«

Wer niemals vom Weg abkommt, bleibt leicht auf der Strecke!

Ein umgekehrter Trichter bedeutet dann: In der Unterrichtsstunde bekommen die Karateka einen Input, der sorgsam aufgebaut ist, sich aber erst ganz entfalten kann, wenn die Karateka selber üben. Und das heißt bei Chikara: in Kontakt gehen mit anderen, Übungsgruppen bilden und die Übungsstunden nutzen, zu Hause, im Wald, im Garten … jede Gelegenheit wahrnehmen, um auch eine kleine Bewegung so oft zu wiederholen, bis sie »sitzt«; ob du im Urlaub bist, im Thermalbad oder an der Bushaltestelle … ganz nebenbei lassen sich Techniken in den Alltag integrieren. Hinzu sollten Konditionstraining, Muskeltraining und Stretching kommen – individuell und in eigener Verantwortung. Denn es ist wichtig, auf den Körper zu hören, damit anstelle von »Sport ist Mord« eine gesunde Bewegungskultur entstehen kann.
Und jetzt die schlechte Nachricht: Dieser Schritt in die Eigenverantwortung ist mindestens so schwer wie ein klagefreier Geist und eine positive Sprache. Helfen kann uns dabei das Modell der sogenannten Kausalattribuierung von Rotter[52]. Wenn uns einmal bewusst geworden ist, wie unser persönliches Denk-

51 Das meiste lernen wir – wie schon lange bekannt – eben nicht durch zu-sehen und zu-hören, sondern durch die eigene Wiedergabe und vor allem dadurch, dass wir es selber machen! Vergleiche: Lerntypen und Eingangskanäle. In: Hüholdt, Jürgen: Wunderland des Lernens. Lernbiologie, Lernmethodik, Lerntechnik. Bochum 1998, S. 245 ff.

52 Rotter, Julian: Generalized expectancies for internal versus external control of reinforcement. Psychological Monographs, 80. (Whole No. 609), 1966.

Ein voll ausgedrücktes, selbstbestimmtes und möglichkeitsorientiertes Leben…

modell gestrickt ist, werden wir seine Grenzen leichter überwinden können – immer vorausgesetzt, dass wir das auch möchten; dass wir ein voll ausgedrücktes, selbstbestimmtes und möglichkeitsorientiertes Leben führen wollen.

»Kausalattribuierung« bedeutet: welchen Grund (causa: Ursache) füge ich als Erklärung bei (Attribut)? Und zwar in Bezug auf meine Einschätzung von sogenanntem Erfolg oder Misserfolg. Die wesentliche Unterscheidung ist die nach externer oder interner Begründung. Im mentalen Training geht man davon aus, dass nur internale[53], also in mir selbst gründende Zuschreibungen ein selbstbestimmtes Handeln und folglich die Regie über das eigene Leben ermöglichen. Die externalen, die von außen stammenden Begründungen, sind als solche nicht immer leicht zu erkennen. Beide können nach den Kriterien labil/stabil, also schwankend und beständig (auf temporärer Ebene), und spezifisch/global, in etwa punktuell oder umfassend (auf lokaler Ebene), noch weiter aufgeschlüsselt werden.

Freut sich jemand über einen Erfolg mit den Worten »Glück gehabt«, so ist das eine externale Begründung, da das Glück in Form einer Personifikation als Ursache herangezogen wird. Kurz: kein eigener Verdienst. Sagt jemand: »Diesmal hat der Chef es auf mich abgesehen«, ist es wieder external (der Chef) und labil (diesmal). So lässt sich das Modell auf viele Situationen anwenden, um zu zeigen, wie oft wir die Ursache unserer Leistungen auf andere beziehen und von diesen abhängig machen. Besonders bei SchülerInnen wird das deutlich, wenn es heißt, »der/die LehrerIn kann mich nicht leiden« oder »es kam etwas völlig anderes dran« oder »die meisten haben eine 4 oder schlechter« und so weiter. Überall verstecken sich externale Strukturen: schuld sind der/die LehrerIn, der Stoff, die zu hohe Anforderung.

Besonders ausgeprägt ist dies bei Misserfolg, vor allem wenn dieser stabil und global auftritt, manchmal auch in konkreter Gestalt: »Ich bin halt eben immer ein totaler Pechvogel.« Schon in dem weitverbreiteten »halt« steckt so viel Schicksalsgläubigkeit, dass die Opferrolle besiegelt ist. Das Pech ist schuld (external), und zwar immer (stabil), der Vogel bereits personifiziert.

Die scheinbar positive Variante hilft ebenso wenig weiter: »Auch ein blindes Huhn findet mal ein Korn« heißt nicht mehr als »Glück gehabt« und hat mit

53 Ich beziehe mich mit den Begriffen »external/internal« auf die Fachbegriffe der Attributionstheorie.

Eigenmacht nichts zu tun. Das bedeutet, dass wir uns mit diesem Denken eine Handlungsunfähigkeit in Bezug auf die Situation zuschreiben und Probleme damit nicht dauerhaft aus eigener Kraft lösen können. So wiederholen sich die Konflikte und formieren sich zu einem Grundsatzmodus: Menschen, die immer wieder gemobbt werden, ganz gleich wo und wie sie erscheinen, Frauen, die sich überall aufopfern müssen oder denen immer ganz viel aufgebürdet wird, Kinder, die auf jeder Schule die gleichen Probleme haben … das Pechvogel-Syndrom sozusagen.

Ich möchte nicht pauschalisieren, sondern nur dazu anregen, eigene Strukturen aufzudecken, um hinzusehen, ob wir sie so wirklich brauchen und ob sie uns persönlich nützen. Das ist schwer im Alltag zu erkennen, leichter wird es im Dojo, wenn wir uns auf ein Üben in Kampfkunst konzentrieren. Wenn meine Gegnerin zum Beispiel im Freikampf einen Punkt macht, kann ich erklären, dass sie »zu schnell für mich war«, dass »die Jury nicht genau geguckt/nicht fair bewertet hat« oder dass meine Gegnerin viel zu fortgeschritten ist für mein Niveau. Ich kann aber ebenso feststellen, dass ich meine eigene Schnelligkeit mehr trainieren möchte (zu langsam bin, wäre ja wieder negativ), dass ich lernen möchte, auch in schwierigen Situationen meine Punkte besser sichtbar und hörbar (mit Kiai) zu machen, oder dass es eine gute Herausforderung ist, auf einem so hohen Niveau anzutreten.

Vielleicht gelingt das nicht immer oder immer sofort. Aber es hilft, den Fokus wegzunehmen von Dingen, die ich nicht ändern kann, und mich auf meine eigene Kraft zu konzentrieren. Wer ist verantwortlich für meinen »Erfolg«? Was kann ich selbst dazu beitragen?

Hinzu kommt, dass wir möglicherweise mit unseren Einschätzungen von Menschen oder Situationen falsch liegen und unsere Rückschlüsse auf labilen Interpretationen basieren. So können wir uns schnell in ein Geflecht von widrigen Umständen oder missgünstigen Energien hineinbegeben, für das es vielleicht gar keine Grundlage gibt. Vielleicht denken wir, alles gut und genau zu wissen und zu kennen. Aber eventuell – bleiben wir mal auf dieser schlichten Ebene – hat die Schiedsrichterin heute Kopfschmerzen oder die Turnierleitung hat die Gruppen aus technischem Grund modifiziert und so weiter. Wir wissen es nicht, reimen uns etwas zusammen und erschaffen uns Bilder, die zu »sich-selbst-erfüllenden Prophezeiungen« führen.

Erster Schritt in eine neue Richtung ist, nicht immer Recht haben zu wollen und hinzuschauen, ob wir uns in der Schleife der externalen Kausalattribuierung befinden.

Das bringt uns zu einer noch höheren Kunst: dem »interpretation free mind«. Es bedeutet, sich darum zu bemühen, mit unserem beobachtenden Denken nicht zu schnell zu einer Meinung zu gelangen. Und überhaupt das permanente Denken in Form von Bewertungen über Menschen und Zustände wegzulassen. Womit wir uns fast schon auf den Weg zur Erleuchtung machen, indem wir einfach nur erkennen und anerkennen, wie die Dinge sind.

Schwarzgurt sein

Eine Schülerin kommt zur Sensei und bittet sie, ihr neue Techniken beizubringen. Die Sensei fragt: »Was möchtest du bei mir lernen?« »Ich will Schwarzgurt werden«, antwortet die Schülerin. »O«, sagt die Sensei, »das ist ganz einfach: Streich erst das ›Ich‹ aus dem Satz weg – das hat im Dojo keinen Platz. Dann ersetzt du das Wollen durch einen leeren Geist und schließlich lässt du das ›Werden‹ einfach ›Sein‹. Schon bist du ein Schwarzgurt.«
So die Sensei.

~~Ich~~ will Schwarzgurt ~~werden~~ sein.

Philosophie und Praxis: Ein Geist wie das Wasser, ein Geist wie der Mond[54]

»Be water, my friend«, sagt Bruce Lee in einem seiner Interviews, und ein berühmter Leitsatz der Budo-Philosophie empfiehlt einen Geist wie das Wasser. Einen »Geist wie das Wasser« zu praktizieren, ist eine hohe Kunst. Meine innere und äußere Aufmerksamkeit soll dabei so ruhig sein, dass sie wie das Wasser eines stillen Teiches ihre gesamte Umgebung spiegelt. Der Geist ist kristallklar, passiv erfassend und in der Reflexion positioniert.
Abwartend und in der Haltung empfangend ist ein »Geist wie der Mond«, eine weitere Budo-Maxime: Das Mondlicht scheint gleichmäßig überall hin und verteilt sich schattenarm und milchig in allen Bereichen. Das gleißende Licht ist einhüllend, durchdringend und fließend. Mit diesen beiden Haltungen, mal reflektierend, mal durchdringend, ist eine passiv wachsame Energie in einem so entspannten Zustand, dass sie völlig unvermittelt und blitzschnell in Aktion treten kann.

Wie können wir uns das in der Praxis vorstellen?
Eine geeignete Übung dazu im Dojo ist der Freikampf, das heißt die Situation, in der wir ohne Vorgabe von bestimmten Abläufen miteinander kämpfen. Natürlich immer nach den Regeln der Fairness und Sicherheit. Mit einem »Wasser- oder Mond-Geist« als Grundhaltung trainieren wir, alle Umstände und Bedingungen einer Situation möglichst komplex mit den Sinnen zu erfassen. Das bedeutet, sich im Zweikampf nichts Bestimmtes vorzunehmen – keine besondere Taktik, Technik oder Strategie, sondern sich mit dem eigenen Wissen und Können auf den Moment einzulassen. Dieses »Sich-mitten-hinein-Begeben« erfordert Mut, gut trainierte Techniken und Reflexe. Es gibt uns die Möglichkeit, ganz bei uns selbst zu bleiben und frei von störenden Gedanken und Forderungen völlig präsent zu sein. Ist die Wasseroberfläche unruhig, können wir nicht klar erkennen. Oft ist es so, dass schon der kleinste Gedanke ablenkt (»hoffentlich bleibt noch genug Zeit«) oder der gedachte Plan die effektive Unmittelbarkeit stört

54 »Tsuki no kokoro« (jap.): ein Geist wie der Mond und »Mizu no kokoro« (jap.): ein Geist wie das Wasser sind Teil der Bujutsu-Grundsätze für das Braungurt-Niveau bei Chikara. Ausgelegt werden sie als »entspannte Bereitschaft« bzw. »still wie die Oberfläche von ruhigem Wasser«.

(»gleich probiere ich mal einen gedrehten Tritt«). Oder dass sich auf diese Weise eine »geplante« Aktion selbst verrät, indem sie für die Gegner erkennbar wird (Verlagern des Gewichtes auf den vorderen Fuß). Bei all diesen Gelegenheiten werden wir uns selbst im Weg stehen. Wenn wir den Gedanken Raum geben, verhindern wir intuitives Handeln und volle Präsenz. Das lässt sich hier in »Reinformat« am eigenen Leib erfahren!
Vertrauen wir auf unseren Instinkt und darauf, dass wir genug zu bieten haben, in jeder Situation, um Gefahren meistern zu können! Vertrauen wir auf Intuition, natürliche Reaktionen und völlige Geistesgegenwart. Es ist eine ganz andere, viel erfüllendere Form der »Auseinandersetzung«, als sich ehrgeizig in einen Wettkampf zu stürzen.

Eine weitere Übungsmöglichkeit ist der Formenlauf, das sogenannte Kata-Training. Hier vollführt die Karateka nach fest vorgegebenem und altüberliefertem Muster eine Konfiguration aus Abwehr- und Konterbewegungen gegen imaginäre Gegner. Das ist eine hervorragende Übung für andere herausfordernde Situationen im Alltag, wie zum Beispiel, sich mit einer Rede zu präsentieren. Hier wie bei einem Karate-Wettkampf zeigen wir uns mehr oder weniger ungeschützt einem vermeintlich kritischen Publikum[55] und möchten es für uns gewinnen bzw. gut dabei »abschneiden«. Je mehr wir uns ganz auf uns selbst konzentrieren, alle anderen Gedanken (an Zeit, Wertung, Reaktion etc.) ablegen und in unserer Aktion und unserem Thema aufgehen, desto besser. Das heißt, es handelt sich um die Kunst, alle nicht benötigten äußeren Faktoren auszublenden und nur dem Wesentlichen Raum zu geben. So werden wir selbstsicher und authentisch. So entsteht Charisma.

So entsteht Charisma

Und das können wir üben. Auf diese Weise verlieren sogar eine Prüfung, ein Vorstellungsgespräch, ein Examen oder ein Vortrag ihre Bedrohlichkeit und können zu einer schönen Möglichkeit werden, über sich selbst hinauszuwachsen!

Auf den Alltag übertragen ist diese Haltung eine Quelle für die positive Kraft, mit der wir dem Chi eine Richtung geben. Mit unserer Geisteskraft können wir unseren Bewegungen eine Dimension geben, ohne dabei zu planen. Wenn wir

55 Oft ist ein Publikum oder Auditorium nur konzentriert, wenn wir es für negativ halten - eine gute Übung für den interpretationsfreien Geist.

Mit Vorstellungskraft und Energie ein positives Feld erzeugen…

schwierigen Situationen begegnen, können wir uns passiv so positionieren, dass wir entweder einen Schutzraum für uns kreieren oder ein positives Umfeld schaffen. Wir projizieren mit unserer Haltung eine Kraft, die der Situation nützt: andere auf Abstand bringen, eine Aura der Unantastbarkeit aufbauen, mit durchdringender Kraft Raum ausdehnen und Grenzen ziehen oder auch mit Vorstellungskraft und Energie ein positives Feld erzeugen, in dem andere mich offen und freundlich empfangen. Mit dieser Grundhaltung treten wir aus Kampf und Kleinkrieg heraus und nähern uns dem Ursprung des Budo, nämlich dem »Bujutsu«, der Kunst, den Kampf zu beenden.[56]

56 »Bujutsu« ist das chinesische und japanische Schriftzeichen für einen alle Kampfkünste umfassenden Oberbegriff der Samurai-Tradition. Es wird oft mit »Kriegs- oder Kampfkunst« übersetzt. Dabei besteht das Schriftzeichen aus zwei Elementen: »aufhalten« und »Lanze«. »Die Kunst, die Lanze aufzuhalten«, ist ein Weg, den Kampf zu beenden, und meint sowohl die Lanze des Gegners als auch die eigene. Vergleiche: Fauliot, Pascal (Hrsg.): Die Kunst zu siegen, ohne zu kämpfen, deutsche Ausgabe 2001, S. 16, sowie Deshimaru-Roshi, Taisen: Zen in den Kampfkünsten Japans, S. 185. In diesem Sinne betrachtet wäre Kampfkunst durchaus als Friedenskunst zu verstehen und mit der sogenannten »Irenik« zu vergleichen.

»The moon looks peacefully on the pond.«
Koan, empfangen zum Schwarzgurt, Kalligraphie von S. Schottelius.

Bu-jutsu-/Bujitsu-Grundsätze[57]

1. **Moku So**: (wörtlich: »Schweigen der Gedanken«) Zustand der Meditation, der einen direkten Einblick in den Geist gewährt, so dass du dein wahres Ich erkennen kannst. Indem du dich selbst erkennst, wie du wirklich bist, kannst du auch andere klarer sehen.

2. **Shin Nyo**: (mindfulness): Sich stets bewusst zu sein, was um uns herum ist und dass alles, was wir gerade tun, wichtig ist in unserer Entwicklung. Shin Nyo kontrolliert unsere äußere Umgebung und bezieht sich darauf, passiv und auf der Hut zu sein.

3. **Mizu no kokoro**: Ein Geist wie Wasser. Still wie die Oberfläche von ruhigem Wasser, Reflexion. Die Bewegungen des Gegners auf- und wahrnehmen (to perceive). Die Antwort soll zugleich defensiv und offensiv sein, adäquat und angebracht.

4. **Tsuki no kokoro**: Ein Geist wie der Mond. Entspannte Bereitschaft. Der Mond beleuchtet gleichmäßig alles um ihn herum. Die Gesamtheit der gegnerischen Bewegungen konstant erfassen und die Schwächen des Gegners unmittelbar wahrnehmen.

5. **Mushin**: Der leere Geist (no mind), absichtsloser Geist. Den Geist von unnötigen Gedanken reinigen. Ein Nicht-Anhaften an äußeren Eindrücken (external impressions). Bezwinge alle Gedanken an Angst und sogar an den Tod.

57 Die folgenden Grundsätze vermitteln in pointierter Weise Gedanken der fernöstlichen Kampfkunst-Philosophie und können als Bausteine den Weg weisen. Original: Martial Art Methods (Bu-jutsu), überliefert in: Robert Trias: The Pinnacle of Karate, Final Advanced Edition, Okinawan Karate Methods of Shuri-ryu, S. 230 f. Übertragung aus der gekürzten englischen Fassung von Saskia Schottelius.

6. **Hen-O**: Reagieren ohne nachzudenken. Selbstvertrauen und Reflexionen (Spiegelungen) anstelle von Nachdenken.

7. **Zen**: Befreiung von Illusionen und Erreichen von Erleuchtung. Erworben durch Weisheit, Harmonie, Erfahrung und Frieden mit sich selbst und der Welt. Vorausschauende Erwartung von Bewegung.

8. **Buji**: Sensitivität: Antizipiere die Absichten des Angreifers vor seiner Ausführung durch graziösen Fluss der Bewegungen, Weichheit und Geschmeidigkeit der Techniken.

9. **Ryochi**: Intuitive Weisheit. Intuitive Intelligenz durch das Unbewusste, nicht den Instinkt, die uns hilft, alles schneller, besser und genauer einzuschätzen. Funktion der San-chin- und Ten-sho-Katas.[58]

10. **Kime**: Fokus oder Kontrolle einer Technik. Unmittelbare anspannende Aktion des gesamten Körpers. Kime muss durch Technik und Geschwindigkeit ausbalanciert werden.

11. **Kiai**: Begegnung oder Verbindung mit dem Geist. Kampfschrei, der die Ausführung einer Technik auf den Höhepunkt bringt.

58 Atemkatas in Sanduhr-Stellung mit viel innerer Bewegung. Sie werden erst auf Fortgeschrittenen-Niveau beziehungsweise als hohe Schwarzgurt-Katas gelehrt.

5

Where the head goes,

goes the body – oder:

Mit dem Widerstand gehen.

Über die Kunst,

den Geist zu lenken.

»Man muss lernen, das Leben zu durchdringen. Daher besteht das Geheimnis der Kampfkünste darin zu lernen, den Geist zu lenken (ryugi). Dies bildet die Grundlage der körperlichen Technik. Der Geist muß Substanz werden. Der Geist ist Substanz, ist ohne Form und hat doch manchmal Form. (…) Er muß frei sein und darf weder an der Hoffnung haften, den Gegner angreifen zu können, noch darf er aufhören, ihn zu beobachten. Man muß von Augenblick zu Augenblick vollkommen aufmerksam sein.
Im täglichen Leben ist es das gleiche. Manche Leute denken nur an Geld, da es alle Wünsche befriedigen kann. Und so verlieren sie sogar die Ehre dafür. Andere denken nur an Ehrungen und verlieren so ihr Geld. Wieder andere konzentrieren sich nur auf die Liebe und verlieren ihr Geld und ihre Energie. Doch unser Glück ist nicht so einseitig.
Wir müssen unser Leben erschaffen, frei und ungebunden werden und nur aufmerksam sein im Hier und Jetzt, denn in ihm ist alles enthalten.«[59]

In der Selbstverteidigung bei Chikara gibt es einige – meist aus dem Amerikanischen überlieferte – Maximen, derer wir im Notfall gewahr sein sollten, unter anderem »wo der Kopf hingeht, da muss der Körper folgen«. Das ist ein wichtiges und auch einfaches Prinzip, denn wenn ich auf meinen Angreifer mit einer Technik zum Kopf reagiere, wie zum Beispiel mit einem Augengriff, einem Kinnhebel oder einem Nasenstüber, so kann ich damit dessen gesamten Körper kontrollieren. Mein Gegner hat dann keine Wahl, er muss meiner (schiebenden oder ziehenden) Richtung folgen. Von hier aus kann ich weiterkämpfen, bis mir genug Zeit und Raum bleibt, um zu fliehen und Hilfe zu holen.
Von der körperlichen Ebene auf die Ebene der Geisteskraft übertragen, befinden wir uns mitten im mentalen Training: Wo der Kopf hingeht, da muss der Körper folgen – wo mein Geist hingeht, da wird mein Sein folgen. Die Linie führt von der physikalischen Seite der Hebelkraft in der Selbstverteidigung über den Fluss der Chi-Energie aus dem Gedankenfeld der Traditionellen Chinesischen Medizin bis zur Technik der synästhetischen Vorwegnahme im NLP.

59 Taisen Deshimaru-Roshi, japanischer Zen-Meister (1914-1982), in: ZEN in den Kampfkünsten Japans (1985), Heidelberg 1994, S. 43 f

Was ich mir mit allen Sinnen genau ausmale, hat große Chancen, auch in Wirklichkeit einzutreten. Wenn ich meine gesamte mentale Kraft bündele und auf ein genau visualisiertes Ziel richte, werde ich dorthin gelangen.

Was ich mir mit allen Sinnen genau ausmale, hat große Chancen, auch in Wirklichkeit einzutreten.

Heute ist mein 50. Geburtstag. Ich sitze immer noch in diesem bezaubernden Garten auf Koh Samui und habe schon vor dem Frühstück einen beglückenden tropischen Regen zum Geschenk bekommen. Außerdem habe ich von drei Menschen gute Wünsche erhalten. 50 Sonnen, die für jedes Jahr ein Lachen schenken sollen, Utensilien zu einer kleinen Friedenszeremonie und einen Wunschzettel, der angezündet in den Himmel aufsteigt, wie hier in Thailand die »Glücksballone«. Wenn ich mich mit meiner ganzen Kraft auf den Wunsch konzentriere und den Ablauf genau einhalte, steht in der kleinen Gebrauchsanleitung, wird er sicher in Erfüllung gehen.

Ja, das glaube ich tatsächlich. Und daran ist nichts Ominöses. Genauso wenig wie an den sogenannten »Bestellungen beim Universum«[60]. Denn wenn wir uns Zeit und Raum nehmen und uns so sehr mit einem Wunsch beschäftigen, ihn uns ausmalen, anfühlen, imaginieren, ihm eine kleine Zeremonie widmen und so weiter, erhält dieser Wunsch eine eigene Kraft und Realität. Und an dieser Realität orientiert sich dann unser Handeln und Sein. Im Grunde nichts weiter als die selbsterfüllende Prophezeiung, nur in positiver Form.[61]

Auch in diesem Fall hilft es, die Umsetzung im Kleinen im Dojo auszuprobieren. Dazu gibt es beispielsweise eine Übung, bei der die jeweilige Kata, die Kampfkunstform, nach verschiedenen Aspekten gelaufen wird: Konzentration auf den imaginären Gegner, Genauigkeit der Endpunkte, Umsetzung von Rhythmus, Atemkraft, Ausgeglichenheit von rechts und links bis hin zu »flow« und »grace«, Bewegungsfluss und Anmut. Es ist tatsächlich so, dass sich die Kata unter einer der Prämissen derart verändert, dass der jeweilige Gedanke, der die Form beherrscht, sichtbar wird. Genau danach ergibt sich die Bewertung einer Jury im Wettkampf. Es geht darum, bestimmte geistige Aspekte über den Körper nach außen sichtbar zu machen: Wie genau richtet sich der Blick auf den Gegner? Wie viel Anmut zeigt sich in den langsamen Bewegungen?

60 Mohr, Bärbel: Bestellungen beim Universum. Ein Handbuch zur Wunscherfüllung. 1998.

61 Vergleiche hierzu meine Ausführungen über NLP: »Glaubenssätze. Und dann werden 1000 Träume wahr?« In: Schottelius, Saskia: Sagen Sie doch, was Sie wollen, Zürich 2009, S. 23–29.

Das ist eine völlig neue Erfahrung für diejenigen, die das Reden und Benennen gewohnt sind und vorziehen. Dagegen schafft hier der (schweigende) Körper allein den vollen Selbstausdruck. Diese Art der Übung verhilft auf Dauer zu einer positiven Körpersprache und hat in unserem Dojo schon einige Persönlichkeiten gestärkt.

Es gibt zahlreiche weitere Möglichkeiten, die Umsetzung von Geisteskraft im Dojo zu praktizieren. Eines der deutlichsten Beispiele ist der als Bruchtest bekannte Akt, der auch im Wendo, in der klassischen Selbstverteidigung von Frauen für Frauen, angewandt wird. Bruce Lee soll zwar gesagt haben, »mich hat noch nie ein Baum angegriffen, warum soll ich dann ein Brett zerschlagen«, aber als einmaliger Test der geistigen Kraft sei dieser Akt erlaubt. Durch den Fokus auf wesentliche Aspekte wird, ohne weitere technische Vorbereitung, ein 1,8 cm starkes Holzbrett durchgeschlagen. Unabhängig vom Alter und von der Sportlichkeit, sondern allein basierend auf mentaler Kraft. Diese organisiert sich durch wesentliche Faktoren der Zentrierung: der Haltung, durch die auch ein freies Atmen ermöglicht wird, des Blickes – nämlich auf einen Punkt hinter dem Ziel, also des vorausschauenden Blickes – und der Vorstellungskraft; außerdem möglicherweise des Kiais, des Kampfschreies, im Fluss mit dem Atem, und, ganz wichtig, des positiven Zuspruchs, also der inneren Kraft, die durch Affirmationen und Ankern an erfolgreiche Erfahrungen verstärkt wird: »Das schaffe ich, das kann ich, darauf kann ich mich verlassen.« Auf diese Art kommt es zu wirklich durchschlagenden Erfolgen im Leben, die uns einen echten Durchbruch verschaffen können.

Auf diese Art kommt es zu wirklich durchschlagenden Erfolgen im Leben.

Die Energie der Gruppe kann bei dieser Übung Einfluss haben, und natürlich ist eine angemessene Technik wichtig: Hammerfaust oder Handkantenschlag, ein Fersentritt oder ähnliches sind denkbar. Entscheidend ist jedoch, wie sehr ich mich auf mein Ziel konzentriere, das hinter dem angenommenen Ziel liegt und darüber hinausgehen sollte. Denn sonst bleibt unsere Technik auf dem Holzbrett haften, wie ein gutes Vorhaben »auf der Strecke bleiben« kann, sofern es nicht ernsthaft genug anvisiert wurde. Wenn ich mir zum Beispiel beim Joggen bewusst oder unbewusst vornehme, bis zu einer bestimmten Stelle zu laufen, werde ich an diesem Punkt erschöpft sein. Unsere Energie reicht genau so weit, wie wir sie mit unserer geistigen Imaginationskraft vorausschicken.

> *»Zielen Sie höher, sage ich, wie eine Meisterschützin, die weiß, daß man über sein Ziel anlegen muß, um es zu treffen«,*

empfiehlt Harriet Rubin in dem Kapitel »Wie eine Fürstin hoch zielte, um ins Schwarze zu treffen«[62]. Entscheidend ist der Blick, der sich auf die »Vision«, also das Gesehene, legt. Das bedeutet, dass ich mit dem Blick bereits die Richtung bestimme, und mit der Richtung den Fluss meiner Energie. Daran kann auch ein potenzieller Gegner ablesen, womit er es zu tun hat, und entscheiden, ob er sich mit mir anlegt oder nicht. Ein bisschen kennen wir das aus dem Alltag, zum Beispiel des Straßenverkehrs: Wenn jemand in einen Verteilerkreis einbiegt, erkennen wir an seiner Blickhaltung, ohne das Gesicht genau zu sehen, wohin er tendiert. Wir sollten uns zwar nicht darauf verlassen, haben aber doch schon eine Intuition, wann wir selber in den Kreis einbiegen können.
Selbstverteidigung, von mir »Wehrbarkeit« genannt im Sinne von offensiver Selbststärkung, bedeutet vor allem im Vorfeld einer Auseinandersetzung, die drei wesentlichen Kräfte – Haltung, Blick und Stimme/Atem – zu bündeln und klar zum Ausdruck zu bringen. In diesem Sinne brauchen wir bei Chikara kein kompliziertes System von Techniken, um Frauen und Kinder auf mögliche Formen eines Angriffs vorzubereiten, sondern nur ein schlüssiges Gesamtkonzept unter der Prämisse, Geisteskraft in Energie umzuwandeln. Wir brauchen nur daran zu denken, wie viel Kraft ein Kind entwickelt, wenn es etwas erreichen oder nicht erreichen will (sog. »Spontanartikel« an der Supermarktkasse zum Beispiel) und seinen Schwerpunkt so verschiebt, dass es kaum woanders hin zu bewegen ist. Oder wir können an die Energie von Müttern denken, die ihre Kinder aus Gefahrensituationen retten wollen oder verteidigen müssen.
Diese »ungeahnten Kräfte« entstehen, wenn Energie durch mentale Kraft gebündelt wird.

62 Rubin, Harriet: Machiavelli für Frauen, S. 78.

Denken wir diesen Gedanken ein Stück weiter. Wenn wir unsere Wehrbarkeit trainieren in der Form, dass wir uns gegen potenzielle An- und Übergriffe stark machen, dann sind wir auch in der Lage, anderen Bedrohungen zu entgehen bzw. anderen fremdbestimmten Mächten etwas entgegenzusetzen. Also den Widerstand an die Stelle des Gehorsams zu stellen.[63] Dies kann unser gesamtes Lebenssystem und unsere Überlebensstrategien beeinflussen. Marianne Gronemeyer fasst diese Einstellung unter politischem Aspekt zusammen als Grundhaltung des »widerständigen Lebens«:

»Widerständig leben hieße, das Feld der Konsumentscheidungen schrittweise zu verlassen.
Widerständig leben hieße also, die Form der medialen Information, die uns angeboten wird, zu verweigern und die Sprache des Einspruchs neu zu lernen.
Widerständig leben hieße also, Orte der Gemeinschaft suchen, Zugehörigkeit anbieten oder tragen, Orte des Anteilnehmens und Anteilgebens bilden.
Widerständig leben hieße also: sich einmischen und die Einmischung nicht anderen zu überlassen.
Widerständig leben hieße also, »Sicherheit am eigenen Leibe tragen«, eigene Fähigkeiten zu nutzen und Solidarität ganz neu zu buchstabieren.
Widerständig leben bedeutet, nach einer Logik jenseits des Geldes zu suchen.«[64]

Ein solches Konzept, ich nenne es mal »feministische/widerständige Wehrbarkeit«, steht dem meist maskulinen Handeln durch Machtaneignung, Besitztrieb und Gewaltanwendung sowie kriegerische Auseinandersetzung direkt entgegen. Dennoch müssen wir auch innerhalb dieses Konzepts Grenzen so verteidigen, dass wir in unserem friedfertigen Handeln sicher sind, und das heißt auch, nötigenfalls mit allen Mitteln zu kämpfen.
Wundervoll beeindruckend und inspirierend sind hierzu die Berichte der Neuseeländerin Cathie Dunsforth, die in ihrer Erzählung »Manawa Toa«[65] über

63 Vergleiche auch: »Wenn das Recht einer jungen Frau auf Unversehrtheit wirklich ernst genommen würde, gäbe es Selbstverteidigung für Frauen als Schulfach. Stattdessen lernen wir nach wie vor Anpassung.« Luisa Francia, feministische deutsche Schriftstellerin.

64 Gronemeyer, Marianne: Die Macht der Bedürfnisse. Überfluss und Knappheit. Wissenschaftliche Buchgesellschaft, Darmstadt. 2. Auflage 2011.

65 Dunsford, Cathie: Manawa Toa. Hamburg 2001.

den feministisch organisierten Widerstand gegen die französische nukleare Zerstörung des Tahiti Atolls berichtet. Hier wird in einer guten Mischung aus Intelligenz, Informiertheit, Wagemut, Netzwerkarbeit und durch Besinnung auf die natürlichen Kräfte, die in der Welt der Mythen und der Tierwelt enthalten sind, unter Einsatz des eigenen Lebens bis an die Grenze gekämpft. Nur so kann dem global verschwiegenen nuklearen Wahnsinn etwas entgegengesetzt werden. In unseren Breitengraden wäre es zum Beispiel der Kampf gegen die globale Einmüllung durch das am Ende so mörderische Plastik sowie gegen die kriminelle Verschwendung und Bemächtigung des Wassers auf der ganzen Welt. Wer möchte sich mit mir einmischen?

So weit kann ein Nachdenken über Selbstverteidigung gehen. Denn auch hier heißt es wieder: was du im Dojo einübst und regelmäßig trainierst, kannst du auf andere Lebensbereiche übertragen.

Ein gutes Kampfkunsttraining ist, auf diese Weise und als Wegkunst betrachtet, ein Beitrag zum Frieden auf dieser Welt.

Exkurs: Wasser – Wissen – Worte. Onomatopoetica in nuce

Der japanische Alternativmediziner Masaru Emoto hat bereits in den 90er Jahren erstaunliche Experimente mit Wasser durchgeführt, die allerdings bis heute »wissenschaftlich« umstritten sind. Seine Ergebnisse bezeugen, dass sich Wasser – je nach Einfluss von Musik, Umgebung oder Worten – in seiner chemischen Struktur verändert. Das alleine ist schon erstaunlich, und Emoto führt uns in die unglaubliche Welt der bizarren Formen von Eiskristallen, die unter dem Einfluss von Mozart, dem Wort »Dankeschön« oder einem buddhistischen Gebet Gestalt angenommen haben.

Mehr noch: Wasser scheint sowohl in homöopathischen Arzneien als auch im Flusslauf eines Baches Informationen zu kopieren und sich mit dem Inhalt oder der Umgebung zu »identifizieren«. Je nachdem, ob es erst an Bäumen und dann an Ufergras vorbeifließt, soll es seine Struktur verändern. In Versuchen, in denen solche Wasserproben schockgefroren wurden, ist deutlich geworden, dass die kristalline Struktur dieses Moments sogar die Farbe der Blume reflektiert.[66] Das würde bedeuten, dass Wasser – ähnlich einem Onomatopoeticum, einer lautmalerischen Erscheinung in der Sprache – die essenzielle Information des »Erfassten« in sich trägt. Das wäre sensationell und führte, in aller Konsequenz weitergedacht, zu erstaunlichen Erkenntnissen im Bereich der Anthroposophie und sogar der Kommunikationstheorie.

Aber langsam. Da der Mensch zu etwa 70% aus Wasser besteht, könnten Schwingungen – ob manifestiert in Worten, Farben, Formen oder nicht – im menschlichen Körper Wissen oder Erfahrungen durch die Veränderungen des Wassers »übertragen« oder sogar erzeugen!

Schwer vorstellbar? Auch hier helfen Emotos Versuche weiter: Er befestigt verschiedene auf Papier geschriebene Wörter an einer Flasche mit Wasser und hält deren unterschiedliche Auswirkungen auf die molekulare Struktur des Wassers fest. Ein gewagtes und natürlich sehr umstrittenes Experiment mit den Worten

66 Vgl. Tony Clarke, Träger des alternativen Nobelpreises, im Interview mit Geseke von Lüpke, Wir sind Wasserwesen. In: brennstoff, 28/12.

»Dankbarkeit«, »Hass« und »Liebe«. Sein Fazit sowohl für das gesprochene wie auch geschriebene Wort[67]:

> *»Die Vibration positiver Worte hat einen positiven Effekt auf unsere Welt, während die Vibration negativer Worte potentiell vernichtend ist. Einen Einblick in Wasser zu bekommen ist mit der Erkundung des Kosmos vergleichbar. Je intensiver wir unsere Experimente mit dem Fotografieren von Kristallen fortsetzten, desto mehr entdeckten wir, dass unsere Einsicht in die Weisheit des Kosmos sich stetig vertiefte.«*[68]

Diese Ergebnisse korrespondieren mit den Theorien des Neuro-Linguistischen Programmierens, die davon ausgehen, dass Worte eine physische Wirkung haben können. So wie ein Lächeln im eigenen Körper und sogar in dem des anderen Glückshormone erzeugt, so verändert positives Sprechen den körperlichen Zustand der Sprechenden und Hörenden ins Positive (Atmung, Haltung, Durchblutung etc.) – und zwar über das vegetative Nervensystem bzw. dessen Flüssigkeit. Interessant ist, neben den bekannteren physischen Reaktionen auch andere Zusammenhänge mit einzubeziehen – nämlich das cranio-sakrale System, das als Behandlungsort im Mittelpunkt der Osteopathie steht. Diese Einheit zwischen Schädel und Kreuzbein bildet sich als erste im Mutterleib heraus und erzeugt ein Leben lang unabhängig vom Puls des Menschen einen eigenen Rhythmus. Der cranio-sakrale Rhythmus entsteht durch die Gehirn- und Rückenmarksflüssigkeit und pulsiert mit vier bis 13 Schlägen pro Minute. Wie eine eigene Atmung bildet sich ein Takt, der sich als gleichmäßiger Impuls durch Flüssigkeiten über Gewebe und Zellen ausbreitet. In kleinen Wellen wird

67 Vergleiche: »Physikalisch gesehen besteht alles aus Vibrationen bzw. aus Schwingungen. Auch ein Schriftzeichen hat eine eigene Schwingung. Auch geometrische Formen strahlen eine gewisse Schwingung aus. Ein Schriftzeichen ist nach der Aussprache eines gesprochenen Wortes gemacht. Dies ist ein Abbild des gesprochenen Wortes. So sind die Schriftzeichen entstanden. Deswegen repräsentieren geschriebene Zeichen das gesprochene Wort. Das Wasser kann die Schwingungen des Wortes übernehmen, welches durch das Schriftzeichen gezeigt wird. Nach meiner Überzeugung hat das Wasser eine ganz wichtige Aufgabe. Wasser hat die Fähigkeit, die Schwingung und Information von Worten und auch Gedanken zu übertragen. Information oder Schwingung heißt Energie.« Masaru Emoto im Gespräch mit Dieter Wiergowski, in: http://www.menetekel.de/seminare/kristall/kristall5.htm

68 Emoto, Masaru: Die Botschaft des Wassers. Vergleiche auch: Die geheimnisvolle Sprache des Wassers. Dr. Masaru Emoto und PranaVita, Bewusstseinsübungen für Kinder, 2008, hrsg. im Rahmen des Uno-Programms »Die internationale Dekade des Wassers« als kostenloses Bilderbuch für die Kinder dieser Welt.

so auch die Hypophyse beeinflusst und über deren Hormonausschüttung auf wesentliche Funktionen wie Körpertemperatur oder Salz- und Wasserhaushalt eingewirkt.
Bezieht man diese Rhythmen in die Überlegungen zum Thema Wasser ein, so wird deutlich, dass Schwingungen gleich welcher Art als nicht sichtbare Größe aus Klang oder in Flüssigkeit den Menschen in seiner gesamten Erscheinung mehr als angenommen beeinflussen können. Wasser spielt darin eine zentrale Rolle.[69] Unglaublich auch, dass die Dichte des sogenannten Liquors, der cranio-sakralen Substanz, identisch ist mit der Dichte von Meerwasser. Und noch weiter:

> *»Mindestens siebzig Prozent unseres Gehirns bestehen aus Wasser, unser Bewusstsein muss getränkt von Wasser sein. Neulich habe ich gehört, dass in der Atmosphäre ähnlich viel Wasser in Gasform vorhanden ist wie in den Meeren. Müssen wir begreifen, dass wir eigentlich Wasserwesen sind?«* [70]

Was bedeutet das für unsere Überlegungen zum Thema »Die Kunst, den Geist zu lenken«? Zum einen wird deutlich, dass positives wie negatives Sprechen – ob in Selbst- oder Fremdansprache – eine direkte Wirkung auf unser komplexes Sein hat. So haben ForscherInnen der University of Wisconsin–Madison herausgefunden, dass nach Stresssituationen allein die Stimme einer Bezugsperson am Telefon eine ähnlich beruhigende Wirkung auf den Hormonhaushalt hat wie eine tröstende Umarmung. Und auch die bildliche Vorstellung – ob verbal umgesetzt oder nicht – hat Signalwirkung. Psychologen der University of British Columbia in Vancouver beobachteten, dass der bloße Anblick von Krankheiten oder Verletzungen einen Anstieg des Signalstoffes Interleukin-6 auslöst, was den Körper in Alarmbereitschaft versetzt und erste Immunreaktionen hervorruft. Möglicherweise kann eine Wirkung schon vor Bild und Wort entstehen, wenn Gespräche sich »in Einklang befinden«, obwohl sie noch nicht ausgeführt sind! US-ForscherInnen der Universität in Princeton haben festgestellt, dass bei Sprechenden und Zuhörenden nicht nur die exakt gleichen Gehirnregionen im

69 Auch das Licht hat eine besondere Bedeutung, was uns ein Regenbogen sanft erahnen lässt!

70 Geseke von Lüpke, brennstoff 28/12.

Hör- und Sprachzentrum aktiv sind, sondern auch in Bereichen, die für höhere kognitive und soziale Funktionen zuständig sind. Dabei kommt es sogar vor, dass die Gehirnregion des Hörzentrums früher aktiv wird als die des Sprachzentrums bei den Sprechenden, so als könnten die Zuhörenden bereits erahnen, was ihr Gegenüber sagen wird.
Der Harvard-Psychologe Kurt Gray fand heraus, dass gute Taten (hier: eine Spende), selbst wenn sie nur im Geiste vollzogen sind, die eigene Körperkraft stärken. Das würde bedeuten, dass unsere Gedanken an und über andere – ganz nach dem Lola-Prinzip[71] – in indirekter Form auf uns selbst zurückwirken. Fluche ich oder segne ich mit meinen Worten? Die Themen »Wünschen« und »Ver-wünschen« bekommen hier eine ganz neue Dimension.
Es gilt auch der umgekehrte Schluss: Der physische Moment, in dem sich der Körperausdruck befindet, kann sowohl auf mein eigenes Denken und Handeln als auch auf das Sein meiner Umgebung Einfluss haben. PsychologInnen der US-Universitäten Cambridge, Harvard und Yale haben mithilfe verschiedener Untersuchungen herausgefunden, dass der Tastsinn einen so großen Einfluss auf unser Verhalten hat, dass Menschen auf härteren Stühlen härtere Verhandlungen führen! Wer bequem gepolstert sitzt, ist danach kompromissbereiter![72]
So gesehen ist es auch naheliegend, dass die heutzutage bei vielen Menschen übliche, gesenkte Handy-Kopfhaltung (im Gehen, Stehen und Sitzen) in Kombination mit einer dauerhaften Einschränkung des Gesichtsfeldes zu depressiven Verstimmungen und Erkrankungen führen kann.

Mein Körper ist mein Geist.

Zugespitzt formuliert, heißt das einmal mehr: mein Körper *ist* mein Geist. Mein ganzes Wissen und Begreifen steckt – unabhängig von der Hirnregion – in meinem gesamten Körper wie in einem Klangkörper, der einen Resonanzraum bildet – einen Erinnerungsort, eine Zellintuition –, und je nach Umstand ein Schmerzgedächtnis, ein spirituelles Begehren oder ein Widerstandskörper ist:

71 Egli, René: Das Lola-Prinzip. Die Vollkommenheit der Welt. Oetwil a.d.L. 1994.

72 Vergleiche die hochinteressanten Ergebnisse der Forschungen zum sogenannten »Embodiment«, nach denen sich nicht allein der Körper in Sprache ausdrückt, sondern umgekehrt Haltungen bestimmte kognitive Ergebnisse ausmachen können.

ein Wegweiser aus Fleisch und Blut. Die Entität[73], auf die ich mich verlassen kann, ist gespeichert in allen Zellen und möglicherweise in allen Wesen, Elementen und Erscheinungsformen.

Hier findet sich der Sinn von therapeutischen Bemühungen, aber auch von weltweiten Meditationen zum Schutz unseres Planeten und seiner vielfältigen Lebewesen in der Luft, zu Wasser und zu Lande! Leere deinen Geist, folge dem Lauschen, der Schwingung und dem Fluss.

> *»Empty your mind! Be formless, shapeless, like water. If you put water into a cup, it becomes the cup. Put it into a bottle, it becomes the bottle, you put it into a teapot, it becomes the teapot. Now water can flow, or it can crash: Be water, my friend!« Bruce Lee*[74]

Für die Kampfkunst und alle Bemühungen von Körperarbeit heißt das: Es gibt vielleicht ein in Wasser gespeichertes, sehr komplexes »Wesenswissen«, das sich unabhängig vom Einfluss der sogenannten Ratio in jeder Zelle des Körpers befindet und einem eigenen Rhythmus und einer eigenen Logik folgt. Aus der Martial-Arts-Prämisse »to react without thinking« würde so ein »to react as a thinking« werden: der Körper als geistige Kraft.

Das ist nicht gleichzusetzen mit »Intuition«, aber dieser nahe; es hat auch mit den oft einseitig dargestellten psychosomatischen Zusammenhängen nicht viel zu tun. Es geht weit darüber hinaus und beschreibt, dass die Komplexität menschlichen Seins und Handelns im sogenannten Körperlichen ihren Ursprung hat.[75]

Das Dojo bietet die Chance, sich auf die Essenz eines positiven Daseins zu konzentrieren…

Die Sprache ist ein wichtiger Drehpunkt, die Medien Klang und Wasser sind wesentliche Dimensionen. Zentral ist allem jedoch die Bewegung – und in ihr ein

73 Entität (mittellateinisch zu spätlateinisch »seiend«, »Ding«) ist ein Grundbegriff der Philosophie und der Linguistik (neuerdings auch der Informatik) und bezeichnet ein Seiendes, die reine Existenz eines konkreten oder abstrakten Gegenstandes bzw. die realisierte Einheit und Größe.

74 Interview on the Pierre Berton Show (1971)

75 Giulia Enders beleuchtet diesen Aspekt sehr eindringlich am Beispiel der Seescheide, die ihr Gehirn auffrisst, sobald sie eine Heimat gefunden hat. Denn: »Der einzige Grund, ein Gehirn zu haben, ist Bewegung.« Sie plädiert dafür, dem Hochstatus des Gehirns Platz zu machen für das sogenannte Bauchgefühl, und dem »Nerven-Netzwerk des Darms« mehr Bedeutuzng zuzumessen. Dabei erweist sich das Immunsystem des menschlichen Körpers als eine Art zweites (oder sogar erstes) Gehirn. Enders, Guilia: Darm mit Charme. Alles über ein unterschätztes Organ. Ullstein, Berlin 2014, S. 130 ff.

Körper, der seinem eigenem Geist entspringt und entspricht. In diesem Sinne verstehen sich die Trinität aus Körper, Geist und Rede sowie meine Überlegungen zur Kampfkunst als Körper-Sprache.

Das Dojo als Ort des Weges bietet die Chance, sich auf die Essenz eines positiven Daseins zu konzentrieren, den Körpergeist positiv zu verändern und zu prägen und einen positiven Selbstausdruck entstehen zu lassen. Im Mittelpunkt steht nicht mehr das Kämpfen gegen Widerstände oder ein Hadern mit den Bedingungen des Seins, sondern das Motto lautet schlicht:

Bewege deinen Körper und lebe
einen achtsamen Geist.

6

Freiheit und Frieden:
Wenn eine wirklich lebt,
dann tuns die andren auch.

»Wenn eine Seele sich entschieden dafür einsetzt, so lebendig wie möglich zu leben, dann werden viele andere in ihrer Nähe ›Feuer fangen‹. Wenn man trotz Hindernissen, Beschränkungen oder gar Verletzungen den Durchbruch schafft zum wahren Leben, werden auch die Lebewesen ringsum – Kinder, Freunde, Kollegen, Fremde, Tiere und Pflanzen – ein erfülltes Leben führen. ›Wenn einer wirklich lebt, dann tuns die andren auch.‹ Das ist die wichtigste Pflicht der weisen Frau: so zu leben, dass andere dadurch beflügelt werden; auf seelenvolle Weise zu leben, damit die anderen sehen, wie das geht.«[76]

»Auf seelenvolle Weise zu leben« … was für eine inspirierte Perspektive. Der vietnamesische Mönch und Gelehrte Thich Nhat Hanh nennt es »den Boddhisatva in sich entwickeln«: den Weg kennen und diesen dann auch gehen. Nicht unbedingt immer mit aller Konsequenz und voller Erleuchtung, aber doch stets im Bemühen, anstelle von Leid und Sorge Wohlgefühle und Heilung in die Welt zu tragen. Die Grundidee von »Der Weg ist das Ziel« findet sich hier in seiner tiefen Bedeutung wieder:

> *»Glück ist die Gewissheit, zu jedem Zeitpunkt auf dem richtigen Weg zu sein. Es ist nicht nötig, das Ende des Weges zu erreichen, um glücklich zu sein. Sie sind einfach hier und jetzt glücklich.«*[77]

Der buddhistische Weg führt über die Achtsamkeit in Form von fünf ethischen Prinzipien, die zum Teil auch anderen Religionen oder Weltanschauungen nahe sind. Denn im Grunde ist das Bestreben der meisten »Philosophien«, ein glückliches und erfülltes Leben für alle Wesen und »Stoffe« zu ermöglichen und dafür einzustehen. Die fünf ethischen Prämissen sind – verkürzt wiedergegeben – Respekt gegenüber allem Leben, Respekt und Wertschätzung anderen Gutes

76 Estés, Clarissa Pinkola: Der Tanz der Großen Mutter. Heyne-Verlag, München 2012, S. 15 f.

77 Und weiter: »Auf dem ›richtigen Pfad‹ zu sein, hat ganz konkret mit der Art und Weise zu tun, wie wir unser Leben im gegenwärtigen Augenblick leben. Es ist möglich, in jedem Moment unseres alltäglichen Lebens achtsam zu sein. Dann sind nicht nur Sie glücklich, sondern auch die Menschen in Ihrer Umgebung. Selbst, wenn Sie überhaupt nichts ›tun‹, um andere glücklich zu machen, werden die Menschen Ihre Nähe suchen, weil Sie Frische und Mitgefühl ausstrahlen. Sie wissen, dass Sie auf dem ›richtigen‹ Weg sind und das macht Sie selbst glücklich. Die Menschen um Sie herum profitieren von Ihrer bloßen Gegenwart. … Einfach nur zu *sein*, bedeutet schon zu lieben und zu handeln. Handeln beruht auf Nichthandeln und Nichthandeln ist die Praxis des Da-Seins.« Thich Nhat Hanh, The Art of Power, Herder, Freiburg 2012, S. 104.

und Eigentums, Achtsamkeit und Bewusstheit in Körperlichkeit und Sex, Achtsamkeit in der Kommunikation – insbesondere im Zuhören – und Achtsamkeit im Konsum. Bei genauem Hinsehen finden wir hier auch einige Prämissen des »widerständigen Lebens« wieder.

Vieles davon können wir erneut gut im Dojo üben. Achtsamkeit ist eines der wesentlichen Prinzipien in der Kampfkunst und fängt nicht erst beim Betreten des Dojos an. So lehren wir bei Chikara, dass schon der Zustand deiner Kleider und Schuhe in der Umkleide dein Inneres spiegelt und dein Training eröffnet. Nach dem Motto »Tue alles, was du tust, ganz« ist es bereits beim Umziehen wichtig, diesem Prozess seine volle Aufmerksamkeit zu schenken. Genau wie der magische Augenblick des Gi-Schnürens und Gurtbindens als symbolischer Akt gesehen werden kann, das Ego abzulegen, so dient auch jede Verneigung im Dojo als Ausdruck von Demut gegenüber anderen und allem Gegebenen. Ebenso ist das Schweigen, das Nichtdiskutieren und Akzeptieren eine Kunst, die der Pflege im Dojo bedarf. Robin Sharma empfiehlt in seinem Buch »Life lessons from the Monk who sold his Ferrari«[78] einmal pro Woche ein Schweigetraining einzulegen, um die inneren Kräfte im Alltag dauerhaft zu stärken. Ich bin mir sicher, dass alle, die eines seiner Bücher lesen, davon überzeugt sind, dass ihnen viele der 101 empfohlenen Praktiken guttun würden. Aber ich bin mir auch sicher, dass nur wenige über das »Ausprobieren« hinauskommen – auch wenn sie es sich noch so sehr vornehmen. Im Dojo (genauso wie in einer Yogaschule oder jedem anderen Ort der achtsamen Praxis) haben wir eine regelmäßige Konstante, die uns dazu zwingt, Vorhaben – ganz nebenbei – diszipliniert umzusetzen.
Was das Hören betrifft, so lässt sich hier das echte Hinhören praktizieren, das zur vollen Kompetenz führt – im Gegensatz zum »heischenden Hören«, das nur darauf wartet, selber das Wort zu ergreifen. Das »Lauschen«, das wir beispielsweise im Chi Sao[79] üben, ist eine ungeahnte Herausforderung an alle Sinne, sich auf den Prozess des »Aufnehmens« einzulassen und echtes Verstehen durch Hineinversetzen zu praktizieren. Empathie auf der Basis von Körperintelligenz.

78 Sharma, Robin: Life Lessons from the Monk Who Sold His Ferrari, S. 33 f.

79 Chi Sao bedeutet »klebende Hände«, eine Energieübung mit dem Ziel, die Bewegungen der Partnerin zu erspüren und zu antizipieren. Diese Übung wird auch im Tai Chi als »push hands« praktiziert.

Nicht die große Erleuchtung, sondern die scheinbar kleinen Dinge sind es, um die es geht. Wir kommen ins Dojo und legen mit den Kleidern unsere Vorurteile und Sorgen ab; wir betreten den Raum als Einzug in einen Moment des Tages, der nun uns gehört; wir lassen alle Gedanken an das, was vorher war und später kommt, in der Meditation los; wir steigen mit dem Aufwärmen langsam und bewusst in unseren Körper ein; wir schweigen, hören hin; wir atmen bewusst und manchmal im Kiai voller explosiver Kraft; wir trainieren im Miteinander und nicht im Gegeneinander; wir wissen: je mehr Energie wir hingeben, desto mehr strömt zu uns zurück; und wir verlassen das Dojo wieder in der Freude, 90 Minuten lang an nichts anderes gedacht zu haben als an die Bewegung im Augenblick: awareness in motion!

Je mehr Energie wir hingeben, desto mehr strömt zu uns zurück.

Die Praxis der Achtsamkeit in einem »geregelten Dojo« führt nicht zu Einschränkungen (ich darf nicht reden, ich muss mich verbeugen ...), sondern zu einer großen Freiheit. Indem ich auch den kleinsten Dingen meine ganze Achtung und Aufmerksamkeit schenke, führe ich mein eigenes Sein in einen so hohen Grad von Bewusstheit über, dass ich dem achtsamen Leben im Augenblick auch außerhalb des Dojos mehr Raum gebe. So bedanke ich mich zum Beispiel immer und überall mit einer Verneigung bei einem schönen Ort, den ich genießen durfte: eine Wiese, ein Kinostuhl, ein Platz im Sand. Damit verschaffe ich diesem Moment eine besondere Erinnerung und Größe. Mit der Wertschätzung ist es ähnlich wie mit einer freudig gegebenen Spende: Im Grunde macht sie den Gebenden noch glücklicher als den Beschenkten, erfüllt das ganze Herz und lässt das eigene Sein leuchten.

Wenn ich selbst leuchte, kann ich auch eine Inspiration für andere sein. Manchmal ganz bewusst, oft ohne dass wir es überhaupt merken. Aber dafür müssen wir den Mut haben, uns mit unserem Anliegen und meist mit unserer ganzen Persönlichkeit in die Öffentlichkeit zu stellen und zu unseren Prämissen zu stehen. Und zum Beispiel riskieren, dass die anderen uns für »verrückt« halten, nur weil wir wie ich auf Koh Tao in einem Naturschutzgebiet mit einer Mülltüte über den Strand laufen und die achtlos zurückgelassenen Reste der Konsumgesellschaft einsammeln. Dabei habe ich versucht, meinen Geist frei zu machen von »Anklage« oder »Aufruf« und einfach nur einzusammeln: »Wenn ich kehre, dann kehre ich«, heißt es in der Zen-Praxis. Kaum zu glauben: Auf diesem Wege begegnet mir eine Muschelsammlerin, die in der anderen Hand

Wenn ich selbst leuchte, kann ich auch eine Inspiration für andere sein.

die Zigarettenkippen hält, die sie unterwegs gefunden hat. Es endet mit einer wundervoll inspirierenden Begegnung in Worten und Taten und wieder einmal in dem Wissen, dass du, wenn du etwas verändern möchtest, bei dir selbst anfangen sollst.

Zum Thema Frieden noch eine Beobachtung, die mich sehr erstaunt hat. Auf Koh Samui – und vielleicht in ganz Thailand? – laufen die Hunde überall frei herum: große und sehr dünne kleine, verstümmelte und sogar dicke, alte, junge, Männchen, Weibchen, bunt und munter … Am Anfang habe ich mich ein wenig gefürchtet. Ich war darauf nicht vorbereitet: Vor allem am Strand, aber auch an Tempeln und auf der Straße laufen die Hunde direkt auf eine*n zu, manchmal mit Bellen, meist aber leise, und beschnuppern eine*n; die großen Hunde in ihrem Tempo haben mich richtig erschreckt. In Deutschland müssten sie alle angeleint und mit Halsband versehen sein, natürlich auch mit einem Herrchen oder Frauchen. Hier ist nichts von alledem der Fall. Bei einem Klosterbesuch kann es passieren, dass eine Horde von Hunden bellend auf eine*n zukommt und dann … nichts macht! Ganz gleich, wem gegenüber: Die Hunde sind total friedlich.[80] Sie machen nichts. Sie knurren nicht, sie beißen nicht, sie drohen nicht. Sobald wir freundlich mit ihnen sprechen, gesellen sie sich sogar zu uns, setzen sich mit auf eine Bank oder aber spielen »Begleiterhund« und bringen eine*n den weiten Weg über den Strand bis »nach Hause«. Und am nächsten Tag wieder. Ganz gleich, wohin ich auf dieser Insel gekommen bin, ich bin immer von den Hunden aufs Freundlichste empfangen und sogar »beschützt« worden. Am schönsten war der Augenblick morgens um halb sechs am Tempel, als sich von der Horde der Hunde ein großer schwarzweißer einfach mit mir auf die Steinbank setzte und so fast eine halbe Stunde lang verharrte, bis die ersten Gläubigen zum Buddha-Tag kamen.

Natürlich regeln die Hunde untereinander ihre Revieransprüche, jedoch sehr charmant, wie mir schien, und auch am Tempel kann nur eine bestimmte Anzahl an Tieren von den Mönchen durchgefüttert werden. Aber insgesamt

80 Es gibt jedoch Ausnahmen: Tierprügelnde Thais werden von den Hunden wiedererkannt und geoutet. Auf die peinliche Pseudofreundlichkeit der Tierquäler fallen die Hunde nicht herein und verjagen sie im großen Rudel von Strand und Tempelhof. Diese Anklage wird sogar für mich als außenstehende Touristin deutlich, und ich wundere mich – bei dem, was mir Einheimische erzählt haben –, warum die Hunde ihre Tierquäler nicht zerfetzen.

herrscht in dieser so großen Freiheit ein noch größerer Frieden. Wenn sich der Mensch darauf einlässt, diesen Frieden spürt und ihm ebenso begegnet, dann ist es geradezu paradiesisch.
Ist es der Buddhismus, der den Frieden in Freiheit bringt? Die stille Präsenz der Mönche und Nonnen? Oder liegt das Geheimnis in der so freundlich-bescheidenen Art der ThailänderInnen insgesamt, die eine solche Atmosphäre schafft? Denn obwohl die friedfertige Grundhaltung der Menschen aufs Gröbste von zahlreichen sogenannten »Sextouristen«, aber auch von unzähligen unachtsamen Konsumtouristen ausgenutzt wird, hat sich das »Volk der Freien« (wörtlich: Thai) sein Lächeln bewahrt.

»Zu lächeln ist eine sehr wirksame Übung. Es ist nicht nötig, dass Ihnen wirklich nach einem Lächeln zumute ist. Lächeln ist ein Art Yoga-Übung. Sie üben mit dem Mund. Selbst, wenn Sie keine Freude empfinden, hilft das Lächeln, die Muskeln in Ihrem Gesicht zu entspannen. Es gibt ungefähr 300 Gesichtsmuskeln. Sie werden angespannt, wenn Sie wütend sind oder Angst haben. Würden Sie dann in einen Spiegel schauen, könnten Sie die Anspannung in Ihrem Gesicht sehen. Wissen Sie dagegen, wie man atmet und lächelt, wird sich die Spannung schnell lösen und Sie fühlen sich viel besser. Sie können einer anderen Person, die angespannt ist, helfen, indem Sie ihr zulächeln. Nach diesem Lächeln wird sie sich leichter fühlen. ›Einatmend lächle ich. Ausatmend lasse ich alle Anspannung los.‹«[81]

Vielleicht liegt das Geheimnis von Frieden und Freiheit ja tatsächlich im Lächeln, in einer freundlichen und empathischen Grundhaltung.
Doch Vorsicht! Lächeln ist – besonders für Frauen – nicht immer angebracht. Wenn wir bedroht oder angegriffen werden, ist es enorm wichtig, nicht zu lächeln, sondern eine klare Botschaft »ernst zu meinen«. Nur dann werden wir auch ernst genommen. Viele Frauen, die zu Chikara kommen, haben sich in ihrem Leben eine Art maskenhaftes Dauerlächeln zugelegt, das sie davor schützen soll, abgelehnt zu werden. So kommt es, dass Frauen sogar bei Abgrenzungsübungen mit einem Lächeln im Gesicht Stopp sagen. Im gleichen Augenblick, in dem sie eine Grenze ziehen, entschuldigen sie sich schon wieder

81 Thich Nhat Hanh: The Art of Power, S. 207.

dafür, dass sie das überhaupt getan haben. Durch diese Art der Doppelbotschaft können gefährliche oder zumindest für die Frau nachteilige Situationen entstehen. Ob der nette, aber etwas nervige Nachbar denkt, Sie wollten ihn eigentlich doch näher kennenlernen, ob *Sie* nach dem Gespräch mit Ihrem Kollegen wieder die Überstunden ableisten oder ob die lustigen Trinkkumpane übergriffig werden … immer ist Ihr Nein nicht als solches angekommen oder überhört worden. Gerade Frauen sind zum Stil der »bescheidenen Wenigkeit« erzogen, die manchmal automatisch zum Gefühl der Minder-Wertigkeit führt. Damit schließt sich der Teufelskreis. Und frau lächelt darüber hinweg.

»Büro-Wendo«© und Queen-Strategie

Wir üben bei Chikara, rechtzeitig Grenzüberschreitungen zu spüren, zu benennen und nötigenfalls die eigene Grenze zu verteidigen. Mit Worten und mit Taten, in Einheit von Körper, Geist und Rede. Ich empfehle dazu im Rahmen meiner »Büro-Wendo«©-Seminare gerne die Queen-Strategie. Ganz in Anlehnung an den Stil der englischen Königin und auch unserer Bundeskanzlerin geht es darum, zu erleben, wie eine Aura der Unantastbarkeit in bestimmten Situationen nützt und wirkt. Dazu gehören der aufrechte Gang (die gedachte Krone), der selbstbewusste Blick, den je nachdem Ernsthaftigkeit oder eine offene Grundfreundlichkeit umschmeicheln; außerdem die Strategie zu schreiten, anstatt sich zu hetzen, denn eine First Lady hat Zeit und braucht weder schnell zu reden noch übereilt zu entscheiden. Schon hat sie die Insignien der Würde auf ihrer Seite und braucht sich für klare Worte und Taten nicht mit einem Lächeln zu entschuldigen. Berührungen kontert sie strategisch auf derselben Ebene, auf der sie ihr widerfahren[82], und Erklärungen für ihre Entscheidungen gibt sie – wenn überhaupt – nur einmal ab. Sie wiederholt sich nicht, denn sie setzt voraus, dass ihr zugehört wird; dafür beklagt sie sich auch nicht, denn sie ist mit ihrer Energie schon bei der Lösung. Sie zeigt nicht nur Humor, sondern vor allem – getragen von einem »inneren Lächeln« – eine großmütige und mit sich selbst geduldige Grundhaltung; sie entfaltet einen in körperlicher Aufrichtung strahlenden freien und friedvollen Geist.[83]

6

82 Angela Merkel hat diese Strategie aus dem Bereich der Proxemik, der Raum-Macht-Lehre, geradezu bilderbuchmäßig perfektioniert, indem sie alle ihre Kollegen sofort auf gleicher Ebene gegen-berührt oder mitführt.

83 Ob dies bei der Queen und der Bundeskanzlerin der Fall ist, sei hier dahingestellt. Sie dienen hier lediglich als Rollenmodelle.

So entsteht Charisma. Das lässt sich üben. Auf diese Weise werden aus erfolgreichen Frauen inspirierende Persönlichkeiten, die nicht allein durch ihr Wirken ein Stück Welt verändern, sondern vor allem durch ihr Sein.

Exkurs: Die friedvolle Kriegerin

Was unter den Blüten die Kirschblüte, ist unter den Menschen die Kriegerin.

Da uns Königinnen und Politikerinnen nicht immer optimal als Vorbilder dienen, machen wir uns auf die Suche. Zu allen Zeiten hat es im künstlerischen, politischen, wissenschaftlichen und auch wirtschaftlichen Bereich sowie auf vielen anderen Gebieten imposante Frauen gegeben. Zwar wird und wurde in den letzten Jahren und Jahrzehnten viel dafür getan, auch unbekanntere Frauengestalten sichtbar zu machen, doch eine wirklich große Öffentlichkeit und Anerkennung wird ihnen nicht zuteil. Das liegt meines Erachtens daran, dass die Bewertung von Erfolg meist aus männlicher Sicht stattfindet, so dass die scheinbar kleinen Erfolge von Frauen erst gar nicht »zählen«.
Was für ein unglaublich mutiges Unternehmen, frisch geschieden im Alter von 52 Jahren mit der 21-jährigen Tochter im Jahre 1699 (!) ohne männlichen Schutz in die holländische Kolonie Surinam zu reisen, um dort botanische Studien zu betreiben und daraus später die »Metamorphosis Insectorum Surinamensium« zu veröffentlichen: Maria Sibylla Merian. Die meisten von uns werden den Nachnamen nur aus der Reiseführer-Branche kennen.
Aber wir brauchen gar nicht in der Zeit zurückzugehen. Wer kennt die Entdeckerin und Erforscherin der Walvorkommen in der Straße von Gibraltar? Wahrscheinlich war Ihnen gar nicht klar, dass es vor Spaniens Küste sehr viele Wale und Delfine gibt. Das wussten bis in die 1990er Jahre auch nur einige Fischer – in den weltweiten maritimen Forschungszentren war davon nichts belegt. Ein »Zufall« führte die damals erfolgreiche Schweizer Modedesignerin zum Tauchen in diese Gegend, wo sie ein einmaliges Erlebnis mit Delfinen neugierig machte. Sie entdeckte nach und nach, wie wenig vor Ort über das maritime Leben und die immer schlechter werdenden Bedingungen für Meerestiere bekannt war, und bemühte sich um Aufklärung und Erforschung. Gestrandete Schildkröten mit einem Haken im Rachen oder Netzen um den Hals wurden nicht zum Tierarzt gebracht, sondern mit darauf reitenden Kindern fotografiert. Und die Route der Fähren nach Marokko wurde genau durch die Gebiete mit den höchsten Vorkommen an Pilotwalen, Pottwalen und Orcas geführt. Zusätzlich fahren etwa 300 große Schiffe am Tag durch die Meerenge und gefährden mit

ihrem Lärm und den Riesenschrauben und -hecks die friedlichen Meeressäuger. Das alles und noch viel mehr erfahren wir, wenn wir mit der von Katharina Heyer gegründeten Schutzorganisation »firmm« aufs Meer hinausfahren, um Wale und Delfine vor Tarifa zu beobachten. Sie bietet ihren KundInnen vor jeder Fahrt eine kleine Schulung in vielen Sprachen an, damit der Ausflug nicht nur »Spaß« macht (andere Unternehmen fahren einfach mitten hinein in die Tierfamilien), sondern auch aufklärt und zum Handeln anregt. Auch wenn es Katharina Heyer nicht gelungen ist, ein Meereshospital zum Schutze der in Delfinarien misshandelten Tiere und von Booten verletzten oder gestrandeten Wale zu errichten (die endgültige Absage kam 2014) – sie hat es wenigstens versucht. Dabei hat sie fast ihr ganzes Vermögen in diese Stiftung gesteckt, vergebens jahrelange Verhandlungen mit den Wirtschaftsbossen und Behörden in Spanien und Marokko über den Kauf des Grundstücks geführt. In der Saison steht sie immer noch selber im »firmm«-Büro und begegnet allen BesucherInnen mit großer Geduld und Wertschätzung. Sie beeindruckt durch ihre stets freundliche Präsenz. Ihre Größe liegt in ihrer Erreichbarkeit wie auch Unerreichbarkeit. Sie geht so vollkommen in ihrem Engagement auf, dass sie, obwohl sie schon über 70 Jahre alt ist, mehrmals am Tag mit auf Tour fährt und alle gesichteten Tiere kommentiert. Am schlimmsten, erklärt sie mir bei einem meiner Besuche, ist nicht die viele Arbeit, sondern dass ihr immer wieder schlecht nachgeredet wird und sie ständig als Frau und Ausländerin an die meist männlichen Grenzen innerhalb von Behörden, traditionellen Vereinigungen und weltweiten Strukturen stößt.[84]

Am meisten fasziniert mich, dass eine einzelne Frau gegen riesige Gegner einen Kampf führt, der offenbar nicht zu gewinnen ist: Gigantische Containerschiffe mit so überflüssigen und schädlichen Transportgütern wie Autos und giftiger Billigkleidung durchkreuzen im Minutentakt die Bucht. Die Meere sind verschmutzt und verseucht, so dass viele Wale vergiftet werden. Der Lachs wird auf dem Weg zum Laichen fast restlos abgefischt, weil das Fleisch von trächtigen Fischen in Japan bevorzugt wird, und die Methode des Fischfangs mit undurchlässigen Stellnetzen, den sogenannten »Almandrabas«, wird als jahrtausendealte Tradition rücksichtslos weitergeführt. Da klingt das Wort »Überfischung«

84 Siehe auch: The Last Giants. Wenn das Meer stirbt. Eine DVD über die Wale in der Straße von Gibraltar und die Arbeit von »firmm« aus dem Jahr 2009.

wie ein böser Euphemismus, der ein komplettes Ausfischen der Meere noch verhöhnt. Trotzdem kämpfen die MitarbeiterInnen von »firmm«, darunter sehr viele Ehrenamtliche, weiter und halten ihren »spirit« (Name des Hauptbootes) dagegen. Das macht Hoffnung.

Ein anderes Beispiel für die unermüdliche Kraft von Vorbildern in der Gegenwart ist das Lebenswerk von Louise Hay. Bekannt wurde sie ursprünglich mit Erscheinen ihres Ratgebers «Gesundheit für Körper und Seele«. Ein für die Zeit der 80er Jahre mutiges Buch, das die Zusammenhänge von innerer Einstellung und Krankheit beziehungsweise Gesundheit illustriert. Nur wenige wissen, dass Louise Hay einen erschütternden Lebenslauf hatte – und auch ganz bewusst hinter sich gelassen hat –, aus dem nur wenige »heil« herausgekommen wären. So wurde sie schon in sehr jungen Jahren vergewaltigt und missbraucht, später ausgegrenzt und abgelehnt. Schließlich erkrankte sie – wie sie selber sagt als Folge dieser und weiterer schrecklicher Umstände – an Krebs. Sie hatte den Mut und die Kraft, sich von ihrer Krankheit selbst zu heilen und zu befreien und diese Erfahrungen weiterzugeben. Ursprünglich mittellos, gründete sie eine eigene Firma und vertreibt heute eine große Zahl an Ratgeberbüchern und -filmen mit über 50 Millionen verkauften Exemplaren auf der ganzen Welt. Mit fast 90 Jahren nimmt sie immer noch aktiv an der Verbreitung ihrer Lehre teil und macht unzählig vielen Menschen Mut, sich durch positive Sprache und Gedankenkraft, sogenannte Affirmationen, auf einen kraftvollen, selbstbestimmten Weg zu begeben.

Wie sieht es mit den weiblichen Vorbildern auf dem Gebiet der Kampfkunst aus? Es gibt ein Buch über Frauenkampfkunst in deutscher Sprache aus dem Jahr 1997, das bezeichnenderweise nicht wieder aufgelegt wurde. Wie traurig, denn darin sind die interessanten Lebensläufe einiger Senseis enthalten, die in der Geschichte der Frauenbewegung, Abteilung Kampfkunst, wirklich viel bedeuten: Wendi Dragonfire, Janet Aalfs, Lydia Zijdel, um nur einige zu nennen. Und alle, die glauben, Kampfkunst könne eine nur betreiben, wenn sie über einen sportlichen, gesunden oder heilen Körper verfügt, werden eines Besseren belehrt. Allen voran von Lydia Zijdel. Diese erstaunliche Frau begann erst nach ihrem Autounfall und dessen Folgen im Rollstuhl sitzend Karate zu trainieren

– und zwar das (feministische) Shuri-ryu-Karate bei Wendi Dragonfire in den Niederlanden. Im Video, das die verschiedenen Fernsehauftritte von Lydia Zijdel zusammenträgt, erklärt sie in einem Interview, dass damals niemand geglaubt hätte, eine so schwer verletzte Frau könne Karate trainieren, geschweige denn ihren Schwarzgurt machen. »Mein Arzt glaubt immer noch, ich sei verrückt«, sagt sie, »und das bin ich auch, aber in einem guten Sinne.«[85] Als wäre das nicht schon genug, trainiert sie auch noch Aikido und Waffenkampf, nimmt weltweit an Wettkämpfen teil, unterrichtet insgesamt über 4000 Menschen »mit anderen Möglichkeiten« (sogenannten »Behinderungen«) in Selbstverteidigung und bietet eine eigene Ausbildung für MultiplikatorInnen an. Auf diese Weise hat eine sehr große Anzahl von Menschen – ganz gleich, ob im Rollstuhl sitzend, blind, amputiert oder mit Spasmen, mit Gehbehinderung oder nur mit der Möglichkeit, den Kopf zum Bedienen des Rollstuhls zu bewegen – Mut gefasst und gelernt, sich zu verteidigen. Und sei es auch nur mit der Stimme, einem Blick oder den kantigen Verstrebungen des Rollstuhls.
Ich hatte die große Ehre, mit Lydia Zijdel gemeinsam trainieren zu dürfen und ihr immer wieder auf Wettkämpfen zu begegnen: zuerst 1996 in Berlin, dann in Amsterdam, in Sydney und zuletzt 2010 in Köln, wo sie den Chikara-Frauen einen Besuch abstattete. Jedes Mal musste ich staunen über diese enorme Aura und das große Charisma, das sie ausstrahlt – und diesen intensiven Blick, der so viel Weitsicht und Würde verrät.

»Manchmal erhält ein Leben innerhalb weniger Sekunden eine ganz andere Richtung, und die bisher vertraute Welt stürzt mit einem Schlag ein. Doch der Kampf um die innere Quelle der persönlichen Kraft ist nie vergebens. Indem ich diese Energie nutze, lebe ich mit der Intensität, die mir eigen ist.«[86]

85 Zijdel, Lydia: Selbstverteidigungskurse für Behinderte und Chronischkranke, Video, Hoek , Sonépouse, 1995.

86 Lydia Zijdel: Einfach anders! In: Ohms, Constance (Hrsg.): Frauenkampfkunst. Berlin 1997, S. 179.

Abbildung rechte Seite: Kalligraphie »Feuerpferd« von Antje Meister (Jg. 1966). Nach japanischem Aberglauben sollen Kinder, vor allem Mädchen, die im Zeichen des Hinoeuma, des Feuerpferdes, geboren sind, sehr selbstbewusst und freigeistig sein und deshalb (als schwer Vermählbare) Unglück über die Familien bringen. Aus diesem Grund wurden 1966 in Asien zahlreiche Mädchen vor oder nach der Geburt getötet. Das Feuerpferd-Horoskop gibt es nur alle 60 Jahre, das nächste Mal 2026.

Eine Kriegerin

Ich bin eine Kriegerin.
Eine Kriegerin widersetzt sich.
Ich sage meine Meinung laut, wenn andere schweigen.
Ich mische mich ein.
Ich bin eine Kriegerin und ich bin unbequem
Ohne jemals im Recht zu sein.
Meine Mutter ist im Krieg geboren.
Mein Vater ist im Krieg gestorben.
Ich bin eine Kriegerin und
Ich bin müde.
Wenn ich hervortrete aus dem Halbschlaf
Und mich auflehne und
Mich bekenne, dann
Bin ich ganz.
Eine Kriegerin.

Philosophie und Praxis: Der Weg zur inneren Meisterin – eine entspannte Reise

Sei frei, wo immer du bist.

Wann auch immer Sie die innere Quelle Ihrer persönlichen Kraft erreichen möchten: Machen Sie sich auf den Weg. Es gibt so viele Möglichkeiten einer Innenschau, in der wir den Geist weit öffnen und uns stark machen können für die Herausforderungen des Alltags.
Ich erzähle Ihnen nun von einer kleinen Reise, die ich gerne mit meinen Seminarteilnehmerinnen unternehme. Lassen Sie sich vorlesen oder lesen Sie den Text und variieren Sie in Ihrer eigenen Imagination ganz so, wie es Ihnen gefällt und guttut. Vertrauen Sie darauf, dass Sie die wichtigsten Elemente bestimmt erinnern werden und dass alles, was Sie beglückt und unterstützt, in Ihrer eigenen Reise Platz haben wird.
Nehmen Sie sich einfach so viel Zeit, wie Sie möchten: Manchmal genügt ein kurzer Augenblick, manchmal reisen wir in Gedanken in einen schönen entspannenden Schlaf hinein … alles ist gut und richtig, solange Sie sich mit positiven Bildern und Worten umgeben. Ich wünsche Ihnen viel Muße auf Ihrer Reise zur inneren Meisterin!

Setzen oder legen Sie sich entspannt hin und beobachten Sie einen Augenblick Ihren Atem. Wie tief ist er? Wie gleichmäßig? Was fühlen Sie beim Ein- und Ausatmen? Welcher Rhythmus im Körper lässt sich außerdem spüren? Der Puls? Oder sogar die cranio-sakrale Welle?
Richten Sie Ihre Aufmerksamkeit auf das Ausatmen und lassen Sie mit jedem Atemzug einen Muskel mehr entspannen: Lassen Sie die Schultern sinken, das Becken, lösen Sie die Gesichtsmuskeln – das Kinn fallen lassen, die Stirn glätten, die Gelenke öffnen, mit dem Ausatmen breit und weich werden …
Atmen Sie nun dreimal ganz tief ein und aus. Wenn Sie möchten, kommen Sie jetzt einfach mit auf unsere Reise in ein fernes Land in Asien. Aus der Vogelperspektive sehen Sie den gesamten Erdball und denken sich auf diesen fernen Kontinent. Wir befinden uns am Fuße eines Berghanges in einer schönen, warmen Jahreszeit mitten auf einer grünen Wiese.

Sie blicken sich in Ruhe in der Gegend um und erkennen von weitem ganz oben auf dem Berg ein Kloster. Sie schauen genau hin und verfolgen mit den Augen den steilen Weg, der den Berg hinaufführt. Erst noch recht gerade, dann immer schlangenförmiger und am Ende kaum noch auszumachen in der bergigen Landschaft hoch oben. Lassen Sie sich Zeit: Betrachten Sie den Weg und alles, was ihn umgibt, genau und ausgiebig. So als würden Sie ihn in Gedanken bereits betreten.

Da plötzlich kommt Ihnen die Idee: Sie könnten ja Ihre Drachin »Fudochi« herbeirufen! Ihre wunderbare, herzenstreue Gefährtin, mit der Sie bereits so viel erlebt haben. Und schon rufen Sie sie mit einem Gedankenpfiff und sehen, wie sie von weitem zu Ihnen durch die Lüfte gleitet. Was für ein fantastischer Anblick! Diese Flügelspanne, dieser starke Rücken und das freundliche, aufmerksame Gesicht mit einer abenteuerlustigen Kopfhaltung. Fudochi, meine wunderbare Begleiterin! Ich freue mich auf dich!

Gleich nach der Landung und ein paar liebevollen Berührungen schwingen Sie sich auf den Rücken und flüstern ihr ins Ohr: Dort oben zum Tempel, dort hinauf soll es gehen. Und die Drachin nickt, macht sich bereit, nimmt Anlauf auf der Wiese und schwingt sich mit Ihnen ganz sanft in die Lüfte. Höher und immer höher hinauf. Was für ein Flug! Schauen Sie genau hin, was es alles zu sehen gibt, im Himmel und auf der Erde, wie es sich anfühlt, auf dem atmenden Riesenvogel zu sitzen, wie der Wind um den Körper streicht und welche Düfte nach oben steigen. Malen Sie sich so einfühlsam wie möglich diesen wunderbaren Ausflug in die Höhenwelt aus. Wem begegnen Sie noch in der Luft? Wie fühlt es sich an, durch Wolken zu fliegen? Und was können Sie alles von da oben erkennen? Nehmen Sie sich Zeit.

Nach einer ganzen Weile kommt das Ziel immer näher in Sicht. Der Tempel der schlafenden Gottheiten. Immer genauer erkennen Sie die Umrisse, die einzelnen Vorhöfe zum Haupthaus, die Bäume und Sträucher, ja und nun sogar auch einige wenige Gestalten, Nonnen und Mönche in Orange gekleidet, fast konturenlos vor den sandfarbenen Mauern.

Sicher und elegant nimmt Fudochi Kurs auf die Außenanlagen, noch ein kleiner Lauf und schon stehen Sie beide fest auf der Bergkuppe. Sie bedanken sich bei Ihrer Drachin und weisen sie an zu warten. Genießen Sie diesen Augenblick der Ankunft. Nehmen Sie alles wahr, was Sie umgibt. Beobachten Sie entspannt

und aufmerksam. Atmen Sie die frische Bergluft, lassen Sie den Blick in die Ferne schweifen und spüren Sie, wie Heiterkeit und Gelöstheit Sie umgeben.
Das große Tor zu einem der Vorhöfe steht offen und ohne zu zögern treten Sie ein in den Tempelbereich. Mitten im ersten Hof befindet sich ein offener Altar; Räucherstäbchen in großer Zahl brennen darauf, Blumen umsäumen den Boden darunter und ein Glöckchen klingt leise im Wind. Sehen Sie sich alles genau an, lauschen Sie, riechen Sie den Duft des Räucherwerkes wie eine leichte Brise Geschmack.
Aufmerksam durchschreiten Sie den Tempelhof, über eine der kleinen Holzbrücken und durch ein dunkelrotes Tor in den nächsten. Hier werden Sie einer anderen Stimmung gewahr. Vogelgezwitscher empfängt Sie; der Duft nach frischen Backwaren kommt aus einem der Nebengebäude, ein Brunnen plätschert und eine kleine Katze begleitet Sie zum nächsten Durchgang. Endlich stehen Sie vor dem Hauptgebäude der Tempelanlagen mit seinen breiten Treppen aus riesigen Stufen. Bedächtig und achtsam machen Sie sich auf den Weg nach oben. Achten Sie auf Ihre Schritte, nehmen Sie den Atem wahr, sehen Sie genau hin. Vor Ihnen befindet sich nun das goldene Tor zum großen Tempel. Aufmerksam öffnen Sie und treten ein.
Sie schreiten in einen sakralen, kühlen Innenraum. An den Seiten stehen Statuen von Gottheiten, zaghaft dringt etwas Licht ein, die Wände sind mit bunten Bildern ausgemalt und erzählen Geschichten. Betrachten Sie alles in Ruhe. Sie haben Zeit. Genießen Sie den Anblick, die Schönheit und die Stille.
Wenn Sie sich nach vorne wenden, sehen Sie drei weitere Stufen, an deren Ende jemand im Lotussitz Platz genommen hat. Es ist die innere Meisterin; sie wirkt wie schlafend, in sich gekehrt. Ihr Gesicht umspielt ein Lächeln, der Atem geht tief und langsam. Sie halten inne und warten ab. Dann verneigen Sie sich am Fuße der Stiegen, knien sich hin und berühren zum Gruß mit der Stirn den Boden. Unmittelbar kommt Ihnen Ihre Frage in den Sinn: »Meisterin«, sagen Sie … und alles, was Sie für diesen Moment wissen möchten oder was Sie schon lange beschäftigt, darf nun gesagt werden. Fragen Sie ruhig. Hier ist der richtige Ort dafür. Hier darf alles Raum haben. Lassen Sie sich Zeit.
Nachdem Sie geendet haben, herrscht eine ganze Weile Stille. Nehmen Sie die Stille wahr, tauchen Sie ein in diese Oase der Ruhe. Dann hebt die Meisterin den Kopf, schaut Ihnen milde und wissend in die Augen, lächelt noch eindrücklicher

und überreicht Ihnen einen Zettel, auf dem etwas geschrieben steht. Sie greift in eine der reich verzierten Schalen neben sich und zieht ein Präsent heraus. Es ist schön gestaltet und liegt auf einem Papier. Sehen Sie es sich gleich an. Was können Sie erkennen? Sie nehmen den Zettel und das Präsent an sich und verneigen sich wieder mit Gruß zur Erde. Nachdem Sie aufgestanden sind, verbeugen Sie sich erneut und gehen rückwärts ein paar Schritte, bevor Sie sich noch einmal verneigen und dem Ausgang zuwenden.
Draußen erwartet Sie der strahlend-helle Tag. Was für ein Erlebnis! Was für ein wunderbarer Ort der Stille und des Gleichmuts. Tief atmen Sie die frische Luft ein und machen sich auf den Weg zurück zu Fudochi. Schauen Sie sich noch einmal die Tempelanlagen genau an und halten Sie einen Moment inne, wenn Sie Fudochi erreicht haben. Jetzt dürfen Sie sich das Geschenk etwas genauer ansehen, es berühren, daran riechen, es wiegen und wertschätzen. Was ist es, das Ihnen die Meisterin heute mitgegeben hat?
Öffnen Sie nun den Zettel und lesen Sie die Botschaft. Wie erstaunlich ist sie? Was kommt Ihnen gleich in den Sinn? Lassen Sie sich hierfür einen Augenblick Zeit.
Nach einer Weile wenden Sie sich wieder Fudochi zu und besteigen ihren kräftigen Rücken. Sie weiß schon, wohin. Es ist später am Tag, das Licht färbt sich langsam rötlich, ganz hinten steigt das Zwielicht an Land. Lassen Sie sich mit Fudochi nun langsam hinabgleiten. Genießen Sie die Abendstimmung und das wohlige Gefühl im Bauch, das Ihr Besuch bei der inneren Meisterin ausgelöst hat. Atmen Sie aus und lassen Sie sich tief sinken auf Ihrer Drachin. Sie führt Sie sicher und geborgen wieder zurück auf die Wiese, und wann auch immer Sie von dort aus über den Globus in die Tagwelt eintreten möchten, macht Fudochi Ihnen den Weg frei.

7

Das Dojo als Mikrokosmos – Wuwei: Handeln durch Nicht-Handeln

»Enlightenment simply means recognizing the inherent harmony of ordinary life."[87] Joe Hyams

Immer noch befinde ich mich in meiner mir selbst geschenkten Auszeit in Thailand und genieße es, nach einem langen Tag in der Sonne und am Laptop abends oder nachts in den Pool zu steigen und mich dort eine Weile auf dem Rücken liegend treiben zu lassen – den Kopf bis über die Ohren unter Wasser. So kehre ich in die besondere Unterwasser-Stille ein und habe gleichzeitig den Blick frei auf einen wundervollen, prallen, von Palmenkronen umsäumten Sternenhimmel. Dorthin lasse ich mich in Gedanken treiben und verbinde mich kleines Lichtlein mit dem großen Universum über mir.
Morgens dagegen beim ersten Sonnenlicht fällt mein Blick vom Pool aus auf eine riesige, fächerförmig gewachsene Palmenstaude, die sich auf drei Pflanzen verteilt. Zu meinem Erstaunen wachsen davor kleine rosa Blütenpflanzen, ebenfalls in drei Gruppen, die exakt die Form der Palme zu spiegeln scheinen: links breit aufgefächert, in der Mitte leicht geöffnet und ganz rechts buschig. Ist es eine natürliche Art von »Mimesis«, des Nachahmungsprinzips, das die Bedeutung erst in der Wiederholung offenbart?[88]
Ist es ein Wunder? Oder ist es ein kosmisches Prinzip?

Versteht man Wörter als Botschafter alter Weisheiten und Wahrheiten, dann verbirgt sich im Universum das In-sich-selbst-Vollkommene (lat.: uni-vers: in eins gekehrt) und im Kosmos eine ausgesprochene Wahrheit über die Natur der Dinge.[89] Ein Mikrokosmos würde diese Wahrheit auch im kleinsten Detail

87 Erleuchtung bedeutet einfach, die dem gewöhnlichen Leben innewohnende Harmonie zu erkennen.

88 Vergleiche den wunderbaren Artikel über die Brunnenkresse, in dem Erika Beltle beschreibt, wie sich dieses »Kraut« täglich neu an den sie umgebenden anderen Pflanzen mit ihrem »Blick« ausrichtet. Erika Beltle: Können Sie sich vorstellen, dass Blumen sich gegenseitig wahrnehmen? In: a tempo 01/2013. »Die Versuche wiederholte ich während der ganzen Blütezeit, immer mit dem gleichen Ergebnis, bei nur geringer Abweichung, etwa derart, dass zwei Blüten sich höher reckten, während dann zwei andere tiefer in der Vase blieben. Um dies zu erreichen, krümmten sie beispielsweise ihren zarten Stiel. … Wer nun das Geschilderte nicht glauben kann, weil ›nicht sein kann, was nicht sein darf‹, dem empfehle ich, in diesem Frühjahr Kapuzinerkresse … auszusähen und die geschilderten Versuche selbst vorzunehmen. Er wird sich wundern!« (S. 35).

89 Die Definition des Wortes »Universum« = »Alles was ist« lässt keine weitere Steigerung (»Mehr als alles») zu. Lateinisch »Unus« bedeutet »Eines« und »versus« bedeutet »gekehrt«. »Universum« kann also als »in eins gekehrt« übersetzt werden. Im Gegensatz dazu bedeutet »Multi« viele; so lässt sich die Viele-Welten-Deutung mit dem Begriff »Multiversum« beschreiben. Die Etymologie von kósmos ist bis heute umstritten; möglich ist die Zurückführung auf die indoeuropäische Wurzel *»kens« im Sinne von »sagen, was der Natur der Dinge entspricht«.

aussprechen, während uns der Makrokosmos die Zusammenhänge in einem riesigen Format offenbart. Wir können also eins im anderen wiederfinden wie in einem unendlichen Sternbild. Dass sich bestimmte Formationen so nahe sind wie die beschriebenen Pflanzen, mag dann kein Zufall sein.

Ähnlich verhält es sich mit der Idee des Mikrokosmos im Dojo. Dies mag zunächst verwundern: eine Karateschule sozusagen als Spiegel der »göttlichen Ordnung«? Oder zumindest einer universellen Struktur? Das kam mir selbst sehr seltsam vor, als es mir dämmerte.

Die natürliche Ordnung der Dinge

Erstaunlich ist jedoch, dass die verschiedenen Übungen im Karate geordneten Mustern folgen. Betrachtet man zum Beispiel die Stellungen, also Vorwärts-, Reiter-, Tigerstellung und so weiter, wird deutlich, dass sie einerseits den Körper in eine klare Symmetrie bringen (Schultern, Becken, Knie, Füße), andererseits zusammengesetzt zu einer Übungsform geradezu geometrische Strukturen ausdrücken. So können wir nach den verschiedenen Niveaus jeweils eine »Stance Form« zusammenstellen, die in sich alle Arten der Stellung enthält und miteinander vereint.[90]

Ich habe mich oft gefragt, warum die Stellungen im Karate so sind, wie sie sind, so tief, so unbequem, so fremd. Natürlich stecken dahinter Ideen wie Muskeltraining, Standsicherheit durch gleitenden Fußkontakt und so weiter. Aber es geht auch darum, dass der Körper über diese Stellungen in eine entsprechende Haltung kommt, die wiederum eine »aufrichtige« innere Haltung erzeugt und die Energie in der Körpermitte zentriert. Darüber hinaus spiegeln die Muster der Formen einen Grundzusammenhang wider. Das bedeutet, wir bewegen uns mit den Stellungen in einer Art universellem Rahmen. Noch deutlicher wird dies später bei den Katas, die ja aus anderen Jahrhunderten als »Geheimwissen« überliefert sind und deren Muster und Abläufe darin gipfeln, dass die Karateka genau dort wieder enden sollen, wo sie begonnen haben. Ein Bienentanz-Prinzip! Oder: Bring es auf den Punkt. Oder: Die natürliche Ordnung der Dinge.

Es ist natürlich, dass die Körperhaltungen der einzelnen Personen ihre individuellen Zustände oder Konflikte ausdrücken. Wir üben das ja auch in der Selbstverteidigung: Wie verändert sich meine Haltung unter dem Einfluss negativer

90 Von einem 45°-Reiterstand (Kiba dachi) landen wir nach vorne gedreht in einem perfekten Vorwärtsstand (Zenkutsu dachi), aus einem 90°-Kiba dachi lassen sich sowohl der Tigerstand (mitsurin dachi) als auch alle drei Katzenstellungen (Neko dachis) erzeugen.

oder positiver Botschaft beziehungsweise Gedanken? Und was macht das mit einem potenziellen Täter? »Wem das Wasser bis zum Hals steht, der soll den Kopf nicht hängen lassen!«, heißt es. Wir lehren bei Chikara, nicht in die Opferhaltung zu verfallen, sondern möglichst eine starke Haltung einzunehmen und so nicht nur dem Gegner zu imponieren, sondern sich selbst in der Aufrichtung zu exponieren, also herauszustellen. Dadurch kann der Atem fließen, wir sind gut bei Stimme und Stimmung und behalten den Über-Blick. Und das kann jede und jeder trainieren.[91]

Anders ist es, wenn sich unsichere Haltungen über Jahre hinweg verfestigt haben. Viele Frauen stehen gern einseitig hüftig und sind so nie sicher im festen Stand. Sie spüren ihr Zentrum nur dann, wenn sie darauf hingewiesen oder körperlich dorthin gezogen werden. Andere machen einen Rundrücken und lassen sich in den tiefen Stellungen nach vorne fallen, anstatt die Knie zu beugen. Fast jede Zweite zieht die Schultern extrem hoch, weil sie Kraft mit Anspannung verwechselt.[92] Und es gibt zahlreiche Frauen, die den Kopf hängen lassen oder extrem nach vorne schieben. Dahinter stecken verschiedene Muster, die von »vom Schicksal gebeugt« bis zu »vom Ehrgeiz getrieben« reichen und also sehr gegensätzlich sein können. Natürlich darf man in der Körperarbeit nicht wahllos interpretieren. Hier kommt einer Sensei im Dojo zugute, dass sie ihre SchülerInnen im Laufe der Jahre sehr facettenreich erlebt und viele Eindrücke ein Gesamtbild entstehen lassen. Wird also eine solche Angewohnheit sichtbar, so kann und muss die Sensei vorsichtige Korrekturen im Rahmen der Anforderungen des Karate-Trainings vornehmen. In einer präzise gelaufenen Kata darf eine eben nicht die ganze Zeit den Kopf nach vorne strecken, die Schultern hochziehen oder auf den Boden sehen. Im Laufe der Zeit kann sich so eine Fehlhaltung korrigieren – zunächst nur im Training, später auch im Alltag. Und über die Haltung lässt sich oft auch die innere Haltung ausgleichen, sofern sich die Person darauf einlässt. Ändere deine Haltung und du änderst deinen Geist.

Ändere deine Haltung und du änderst deinen Geist

91 Im mentalen Training wird das 2-minütige Halten einer solchen »Power-Pose« benutzt, um den Körper in einen »erfolgversprechenden« Zustand zu versetzen und den Hormonhaushalt positiv zu beeinflussen. Dabei erhöht sich der Testosterongehalt, der Cortisolspiegel sinkt, was Mut, Willenskraft, Beharrlichkeit und sogar die Leistungsfähigkeit des Immunsystems fördern soll. Hier sind vor allem die Studien von Amy Cuddy an der Harvard Business School von Bedeutung.

92 Die Schultern sind der eigenwilligste Körperteil – sie wollen immer mitmachen und mitbestimmen.

Normalerweise werden keine Interpretationen zu bestimmten Haltungen thematisiert. Oft merken die Frauen und Kinder gar nicht, welch komplexe Prozesse sich hinter »ihrem« Training verbergen.
Wesentlich schwieriger verhält es sich mit den Korrekturen, wenn die mentale Haltung im Dojo nicht stimmt. Im Training kann es (zum Glück selten) Wutausbrüche geben, Neid entstehen, Missgunst sich ausbreiten oder können Vorwürfe laut werden. Viele schimpfen mit sich, wenn sie keine Fortschritte erkennen, oder werden ungeduldig sich selbst und anderen gegenüber. Sehr oft wird auch die Sensei als Projektionsfläche benutzt, und es werden die eigenen Krisen auf sie übertragen. Das geht sogar so weit, dass zu einer bestimmten Gurtphase bei zunächst sehr engagierten Karateka eine plötzliche Desillusionierung einsetzt, die mit der »Entthronisierung« der Sensei Hand in Hand geht. Kurz: Sie wird von ihrem Sockel gestoßen. Meist ist das auch gut so, wenn dem ein wirklich klärender Prozess vorausgeht und folgt.
Eine Sensei darf das alles nicht persönlich nehmen. Sie erfüllt nur ein ordnendes Prinzip in dieser Gesamtkonstellation. Dabei gilt: Die Tür zum Dojo muss für jede/n immer offen bleiben – es sei denn, dass eine Person gegen die Dojoregeln verstößt. Diese klingen zunächst einmal nicht außergewöhnlich. Von Respekt ist da die Rede, von Sauberkeit und einem klaren Geist und davon, dass wir den Kopf frei machen sollen von allen Vorurteilen. Alles recht einfach, könnte man meinen. Aber genau hier stoßen einige doch an ihre Grenzen. Besonders, wenn sie die höfliche Form außer Acht lassen, sich im Ton vergreifen oder ihren negativen Gefühlen gegen sich selbst und andere freien Lauf lassen.

Das Dojo ist ein Abbild der Beziehungen der Menschen untereinander…

Das Dojo ist ein Abbild der Beziehungen der Menschen untereinander und gegenüber allen anderen Lebewesen und Dingen. Wie schnell wird da vergessen, dass auch die Schlagpolster und Sitzkissen mit Achtsamkeit zu behandeln sind und alle ÜbungspartnerInnen mit einem echten, also aufmerksamen »Rei«, der respektvollen Verbeugung, gegrüßt werden sollen. Das schlechte Benehmen von Karateka, die beispielsweise bei Wettkämpfen der Jury den Rücken zukehren, wenn sie mit der Wertung nicht zufrieden sind, hat bei Chikara nichts zu suchen. Das kann aus Gedankenlosigkeit passieren, aber sobald eine Person in den Verein Chikara eintritt, bedeutet das, dass sie sich bemüht, die Regeln zu beachten.

Entstehen doch einmal Konflikte im Dojo, die durch das Erinnern an Dojoregeln nicht einzugrenzen sind, muss die Sensei so lange wie möglich mit einem wachsamen Auge »Wuwei« praktizieren – das Handeln durch Nichthandeln. Das klingt zunächst seltsam und so, als ob jemand sich aus Bequemlichkeit vor einer Entscheidung drückt. Es geht aber hierbei um das Nichteingreifen in Prozesse, so dass sie sich in ihrem natürlichen Verlauf ereignen und selbst regulieren können.

Das Universum, gespiegelt im Dojo, ist vollkommen.

Das Universum, gespiegelt im Dojo, ist vollkommen. Alles ist in ihm. Alles regelt sich nach Perpetuum-Mobile-Mechanismen[93] ohne unser Zutun. Nichts verändern, nichts besitzen wollen, einfach folgen. Vertrauen auf universelle Prinzipien. In uns. In allem.

Das ist manchmal viel schwerer, als es hier vielleicht scheint. Sieht die Sensei beispielsweise, wie eine Karateka nur nach Anerkennung giert[94], ohne sich auf ein echtes Karate-Training einzulassen, so wird sie diese nicht einfach nach einer bestimmten Zeit für ein höheres Gurtniveau zulassen können. Sie wird die Karateka weiter trainieren lassen – scheinbar ohne Fortschritte – und läuft Gefahr, dass diese aus Frustration bei Chikara aufhört. Aber hier kann die Sensei nichts ändern. Wie oft bin ich schon gefragt worden: »Sensei, wann mache ich denn endlich meinen nächsten Gurt?« Und immer wieder werden Vergleiche mit anderen herangezogen. Aber das ist nicht der Weg. Jede/r geht im Dojo einen eigenen Weg, nach dem eigenen Rhythmus und Ermessen sowie nach körperlicher Befindlichkeit. Fortschritte sind immer individuell. Sie zeigen sich deutlich in Trainingseifer, Pünktlichkeit, Regelmäßigkeit und Aufmerksamkeit, aber auch an einer Entwicklung der geistigen Haltung in Form von Achtsamkeit, Dankbarkeit und tief empfundenem Respekt. Alles zusammen macht ein wirkliches Fortschreiten aus.
Immer geht es auch darum, nicht nur sich selbst im Blick zu haben, sondern die Augen offen zu halten und zu sehen, welche Menschen sich um uns im Dojo

93 »Perpetuum mobile« (lat.: ein »sich ständig Bewegendes«) bezeichnet eine (bis heute unentdeckte) Konstruktion, die sich, sobald sie in Gang gesetzt wurde, immer weiter bewegt und dabei durch freie Energie zusätzlich Arbeit verrichtet, jedoch ohne, dass ihr von außen weitere Energie zugeführt wird.

94 Oft sind es leider auch die sehr ehrgeizigen Eltern, die ihre Kinder mit Nachdruck von einer Gurtfarbe zur anderen jagen wollen. Hier suche ich das Gespräch mit den Eltern; dennoch nehmen sie gelegentlich ihre Kinder aus dem Verein, damit sie woanders schneller »erfolgreich« sein können.

bewegen und was sich möglicherweise durch sie spiegelt. Wir begegnen den Menschen, die wir für unser Wachstum brauchen. So gesehen ist jeder Konflikt mit anderen wie eine Botschaft des Universums, jeder Bruch, jeder Streit wie eine ungelöste Aufgabe mit uns selbst.

Wir begegnen den Menschen, die wir für unser Wachstum brauchen.

Die Idee des Mikrokosmos ist, auch wenn es so scheint, kein Wunder. Denn alle tragen ihre Persönlichkeiten ins Dojo hinein. Hier sind sie frei von äußeren Faktoren wie Stellung im Beruf, Ansehen durch Garderobe, Schmuck und Insignien … und kommen dadurch direkter zum Ausdruck. Symbolisiert wird das durch das Tragen des Gi, des uniformen, also einheitlichen, bei uns schwarzen Anzugs, der alle Unterschiede nivellieren und das Ego in seine Schranken weisen soll. So auf unser Wesentliches reduziert, können wir das Dojo als Übungsfeld für all die Angelegenheiten benutzen, in denen wir noch wachsen möchten. Statt immer Recht behalten zu wollen, können wir ein neues Zuhören praktizieren; statt die Verantwortung bei anderen zu suchen, können wir lernen, für uns selbst einzustehen und Regie zu führen. Anstatt in alten Strukturen gefangen zu bleiben und mit Neid und Ausgrenzung zu operieren, können wir uns bewusst auf die eigene Kraft konzentrieren und lernen, andere wirklich sein zu lassen.

Das tiefe und bewusste Loslassen des Wuwei entspricht im Daoismus dem Weg vom »Einfachsein« zum »Einfach Sein«. Das heißt, in der Schlichtheit unserer Weltoffenheit erscheint eine wunderbar leichte Größe, wie sie uns beispielsweise am Lebenslauf eines Simplicius Simplicissimus oder eines Forest Gump vor Augen geführt wird. Beide behalten in den Wirren und Unruhen ihrer Zeit und ihrer Umstände einen spiegelklaren stillen Geist, der sie mit Leichtigkeit und Humor durch die größten Krisen begleitet. Hinter scheinbarer Naivität verborgen, können sie sich immer auf ihre innere Stimme verlassen, dem Weg des Wandels folgen und die Dinge sein lassen.
So entsteht eine Art der Selbsterkenntnis, in der wir Schwächen als Besonderheiten begreifen und aus einer positiven Grundhaltung heraus damit arbeiten, sie umformen, sie aushalten, sie lieben lernen. Ganz nach dem Prinzip des Wuwei und unabhängig von den Meinungen und Manipulationen der anderen. Im So-Sein mit sich selbst, im Einfach-Sein findet der Mensch zu sich zurück. So, als müsse er in seiner individuellen Entwicklung immer und immer wieder den

Weg aus der angeborenen Fülle des Daseins heraus in die Entfremdung seiner selbst und – mit einem wachen Bewusstsein – zurück in die Fülle des Seins vollziehen. Auf diesem Umweg erlangt er die vollendete Ebene des absichtslosen Geistes.

Philosophie und Praxis: Stockkampf – Going with the flow

»Going with the flow« – mit dem Fluss gehen ... das ist das Motto der philippinischen Kampfkunst, die wir bei Chikara zusätzlich zum Karate trainieren. Und gleichzeitig ist das auch der Grund: Fließende Bewegungen unterscheiden Shuri[95]-ryu zwar schon von anderen Karate-Richtungen wie dem Shotokan oder Kempo, aber dennoch bleibt es Karate: eine harte, konfrontative Disziplin auf der Basis von Block und Konter. Im Stockkampf, oder auch »Modern Arnis«[96], ist das anders. Hier realisieren sich eher die Prinzipien des japanischen Aikido: ausweichen und weiterleiten, umgehen und »fortführen« – das ist die Devise.
Dieses Yin-Prinzip ist der perfekte Ausgleich zum Yang der »Kunst der leeren Hand« (Kara-te) und macht Chikara-Karate damit für Frauen attraktiver: nicht durch die Betonung des Weiblichen, Weichen, sondern durch die Synthese von Yin und Yang, den Ausgleich in der Harmonie von Bewegen und Bewegtsein. So gesehen beschreiben beide Arten von Kampfkunst zusammen, die geometrisch klare Struktur der Kata im Karate wie auch die fließenden Formen im Arnis, eine Ästhetik der Anmut: »Schönheit in Bewegung«[97].

95 »Shuri« bedeutet wörtlich: schön und graziös; »ryu« ist das System, also der Karatestil. Vergleiche Wado-ryu, Shito-ryu etc.

96 Es gibt je nach Herkunftsland unterschiedliche Bezeichnungen für verschiedene Richtungen des Stockkampfes. Das Wort »Arnis« kommt aus dem spanischen »arnés« für »Harnisch, Schutz, Rüstung«; auch unter »Escrima« (span.: Fechtkunst) und »Kali kali« (philip. Dialekt für »Bewegungen der Hand«) wird die Kunst der wirbelnden Stöcke verstanden. Siehe: Siebert, Gunnar: Arnis, Escrima, Kali; Lehrbuch für den Stockkampf. Weinmann, Berlin 1997.

97 Gotthold Ephraim Lessing: Laokoon I, 21, Kap. 24, erstmals erschienen 1766.

Es ist natürlich etwas Besonderes, wenn Frauen mit Waffen kämpfen. Berühmt und gleichermaßen selten sind die Amazonen oder ist eine Jeanne d´Arc. Aber so sein wie sie möchte eigentlich keine, denn kämpferische Frauen passen weder in das antike noch in das moderne Weltbild. Allein das elegante, gepflegte, also nicht gefährliche Sportfechten[98] macht hier eine Ausnahme – zu meiner Zeit als Fechterin allerdings für Frauen nur mit Florett erlaubt und nicht mit martialischem Säbel und Degen. Umso erfreulicher ist es, dass die europaweite Nachfolgerin des Großmeisters im Modern Arnis[99] eine Frau ist, nämlich Gabi Roloff aus Hamburg. Sie unterrichtet Arnis sowohl in gemischten als auch in reinen Frauengruppen und hat viele kompetente Lehrerinnen und Lehrer an ihrer Seite. Es lohnt sich, eines dieser Trainings/-Camps/-Wochenenden mitzumachen, denn die dort vertretenen hohen Niveaus erlauben einen Blick in die Bewegungen der Zukunft. Das ist gerade für Anfängerinnen inspirierend, da all die komplizierten Hebel und Entwaffnungen zu Beginn viel Frustrationstoleranz erfordern.
Bei Chikara trainieren wir Stockkampf auch nach der Lehre anderer Schulen, legen keine Prüfungen ab und konzentrieren uns auf die Basics. Im Mittelpunkt steht die sichere Handhabung der Waffe, das Erlernen der Striking Styles, also der Grundbewegungen, der zwölf Schläge und Blöcke sowie einzelner Patterns/Muster wie Sinawali und grundsätzliche Ausweich- und Reaktionsübungen. Letzteres ist sehr wichtig, da viele Frauen ein natürliches Reagieren und Sich-Schützen im Laufe des Erwachsenwerdens verlernt haben und erst wieder ein Gefühl für Distanz und Timing entwickeln müssen.

Das Besondere bei Chikara ist, dass frau schon mit dem Weißgurt beginnen darf, eine Waffe zu führen und nicht erst – wie in anderen Stilen – ab Schwarzgurt. In den Kindergruppen soll der Stockkampf mit dem Erreichen einer bestimmten Reife begonnen werden, was in der Regel etwa mit Blaugurt-Niveau der Fall ist. Eine der vielen Vorteile des Stockkampfes ist, dass alle Bewegungen möglichst immer mit rechts und links geübt werden. Dies und die zahlreichen

98 Vergleiche das niederländische Wort »Vechtkunst« für Kampfkünste allgemein bzw. »vermengte vechtkunsten« für gemischte Kampfkünste.

99 Der »Professor« des Modern Arnis ist Remy Presas (1936–2001), den ich in beeindruckenden Seminaren in den USA erleben durfte.

Doppelstock-Patterns garantieren ein sehr effektives Koordinationstraining, das es langfristig dem Körper ermöglicht, ausgeglichen zu funktionieren und zu reagieren. Als es mir selbst schon nach wenigen Monaten des Trainings passierte, dass ich eine aus dem Schrank fallende Tasse mit links auffing, war ich sehr verblüfft. So kreierten meine damalige Sensei und ich den Spruch: Martial Arts saved this … again – und es wurden im Laufe der Jahre viele Gegenstände gerettet!
Die Stärkung von Konzentration und Koordination führt in vielen anderen Bereichen zu positiven Veränderungen in dem Sinne, dass ausbalancierte Körperbewegungen grundsätzlich auch ein größeres mentales und psychisches Gleichgewicht bewirken können. Am meisten natürlich, wenn Übungen dazu in den Alltag eingebaut werden wie das Zähneputzen oder Essen mit der anderen Hand oder das Laubharken mit versetztem Griff sowie das beidhändige Fensterputzen oder Anstreichen. Es gibt zahlreiche Möglichkeiten zum Thema Achtsamkeit in Bewegung. Sie werden sehr amüsant in den »Karate Kid«-Verfilmungen demonstriert, so unter anderem beim Aufbringen der Autopolitur, Streichen des Zauns oder der 100-fachen Wiederholung der Bewegung »Jacke aufhängen«[100].

Kommen wir zurück zum Unterschied von Karate und Stockkampf. Karate arbeitet üblicherweise mit harten Techniken und starren Formen. Das hat Vor- und Nachteile: Es ist dadurch kraftvoll und einprägsam, zugleich aber auch strapazierend für Muskeln und Gelenke und einseitig in Haltung und Aufrichtung. Der Vorteil für die Frauenkampfkunst liegt darin, dass Karate eine klare Haltung erfordert, ohne Umgehung und Variation. So kann frau über den Körper lernen, sich deutlich abzugrenzen – sei es in der äußeren oder auch in der inneren Haltung. Eine starke Aufrichtung ist ein deutliches Stoppzeichen. Ein harter Block ist eine vehemente Abwehr und der direkte Konter ist der klare Gegenangriff als Antwort auf eine Bedrohung oder einen Übergriff. Dies zu lernen und anzuwenden, ist für Frauen von großem Vorteil – nicht nur für die Selbstverteidigung. Sie können es auch als klare Sprache in ihren Alltag integrieren.

100 Die »Karate Kid«-Filme entstanden zwischen 1984 und 1994. Das Zitat »Jacke aufhängen« entstammt der sehenswerten Neuverfilmung mit Jaden Smith und Jackie Chan aus dem Jahr 2010.

Genauso gut eignen sich die Bewegungen des Stockkampfes zum Transfer in den Alltag: Hier führt das schnelle Ausweichen und schwerelose Kontern durch das Weiterleiten der gegnerischen Energie zu einer anderen Strategie, die offenes Bewusstsein, perfekte Zentrierung und Positionierung im Angriffsraum erfordert. Das ermöglicht eine Übertragung der Fähigkeiten auf eine andere Art der Selbstbehauptung, zum Beispiel als Idee des »biegsamen Bambus«: Mitgehen mit dem, was ist, und dem, was sich eröffnet. Wachsame Sinne schulen und sich gleichzeitig vertrauensvoll hineinbegeben in den Fluss des Geschehens. Kämpfen und sich dabei selbst nicht aus den Augen verlieren. Präsent sein, ohne zu erstarren.

Es kommt darauf an, wie wir der uns entgegentretenden Energie begegnen.

Erst wenn wir uns, wie im Training so auch im Leben, auf den Fluss der Bewegung einlassen können, sind wir ganz in Einklang. Überall da, wo sich Widerstände bilden, geraten wir in Konflikte – mit uns selbst oder mit anderen. Es kommt also darauf an, wie wir der uns entgegentretenden Energie begegnen. Manchmal ist es unumgänglich, klar zu blocken und direkt zu kontern. Oft ist es sinnvoller, die Bewegung aufzunehmen und weiterzuleiten, damit sie uns nicht schadet. Oder aber: sie sogar ganz umzuwandeln in eine positive Lebenskraft, so dass wir gestärkt aus der Situation oder dem Konflikt hervorgehen können.

Philosophisch betrachtet handelt es sich bei Karate (in den geometrischen Formen der Katas) und im Stockkampf (in den »Figuren« wie Flow, Abanico und Figur 8) um ein Gegenüber von universellen Mustern einerseits und universellen Prinzipien andererseits. Außerhalb des Dojos finden wir sie als Muster z. B. in der Struktur des Mythos[101], in der Natur als »kodierten« Bienentanz genauso wie

101 Lévi-Strauss geht davon aus, dass man durch Mythen zu den grundlegenden Strukturen des menschlichen Denkens vorstoßen könne, da sie ein Produkt der entsprechenden Kultur sind. Mythen sind bewusste Ordnungen, in denen die Codierungen (globaler) unbewusster Ordnungen enthalten sind. Lévi-Strauss argumentiert, dass in jeder Gesellschaft mythisches, wissenschaftliches und philosophisches Denken existiert, und möchte zeigen, »wie sich die Mythen in den Menschen ohne deren Wissen denken«. Ihm geht es um die Struktur, die hinter dem Mythos steckt, und um die versteckte Botschaft in dieser Struktur. Das mythische Denken beantwortet zuvor unbeantwortete Fragen mit Analogien – »Typen« von Geschichten, die immer wieder vorkommen. Um Mythen lesen und interpretieren zu können, greift Lévi-Strauss auf die Sprachwissenschaft zurück. Vergleiche Lévi-Strauss, Claude: Die Struktur der Mythen, in: Strukturale Anthropologie I. Suhrkamp, Frankfurt a. M. 1978, S. 226-254.

in der sogenannten Chladnischen Klangfigur[102] oder im Kosmos als Sternbild – und entsprechend als universelles Prinzip im Yin und Yang, in der Spirale oder in der liegenden 8, dem Unendlichkeitszeichen.
So gesehen sind wir auch mit einer Kata oder einem »Pattern«, einem Arnis-Muster, der Natur auf der Spur – auf ihrer SigNatur sozusagen – und gehen mit ihr eine geheime Verbindung ein. Vielleicht ist das die vage Antwort auf die Behauptung, in jeder Kata verberge sich eine geheime Botschaft, die nur ganz selten den MeisterschülerInnen offenbart wurde. Bleibt die leise Ahnung, dass sich diese SigNatur den traditionellen Formen von Überlieferung entzieht, da sie sich nur *in* Bewegung realisieren kann.

102 Vergleiche: »Chladnische Klangfiguren: durch Sand sichtbar gemachte Schwingungsmuster tönender Metallplatten… Was für eine Welt tat sich da vor dir auf! Hunderte, tausende Formen, Muster, Strukturen, ja sogar Spiralen, alle gebildet aus den verschiedensten Wellenformen tauchten wie aus einer Urquelle einer universellen Formensprache der Welt vor dir auf und offenbarten grundlegende Einblicke in die Vorgänge von Gestaltbildeprozessen, wie aus reinen Bewegungen Formen entstehen.« Lauterwasser, Alexander: Das Geheimnis der Schildkröte. Eine Entdeckungsreise durch Morphologie, Zoologie und Mythologie eines wundersamen Tieres. AT Verlag 2009, S. 31.

8

Abschied und Tod:

Gehen – Lassen

Wasser, das man nicht trinken kann, soll man fließen lassen.

Jeder Abschied ist ein kleiner Tod und jeder Tod ein großer Abschied, sofern wir nicht an den Kreislauf von ewiger Wiedergeburt glauben. Wie sehr habe ich hier auf Koh Samui mit dem Schicksal gehadert, als ein fünf Wochen altes Kätzchen, das die schwerste, erste Zeit auf dieser Welt überstanden hatte, dann doch in der Nacht von irgendeinem anderen Wesen totgebissen wurde. Eine Woche lang hatte ich es gefüttert und umsorgt, nachdem ein Kind es von der Straße zur Strandbar mitgenommen hatte: eine kleine dreifarbige »Glückskatze«[103] *voller Überlebensmut und Temperament, kampfbereit, lautstark, verspielt und zugleich – von einem Moment zum anderen – todmüde, hungrig, anlehnungsbedürftig. Im entscheidenden Moment konnte ich ihr keinen Schutz bieten und ich kann nur hoffen, dass ihr Leiden kurz war. Ich habe tiefe Liebe für dieses Kätzchen empfunden und hätte ihm ein paar Jahre Lebenszeit gewünscht. Es hatte bereits so viel an selbstausgedrückter Individualität, dass es mir wie ein ganz eigener Charakter erschien. In seiner Einmaligkeit unwiederbringlich.*

Doch wir müssen uns trennen. Auch wenn wir unseren eigenen Körper betrachten, ist es kaum vorstellbar, dass dieses Fleisch, die Muskeln und das Herz, das schlägt, eines Tages verwesen werden. Wir werden uns von hier verabschieden müssen und können es kaum glauben. Die uns von der Natur so weitsichtig mitgegebene Perspektive lässt uns selbst als Mittelpunkt allen Seins begreifen und sorgt dafür, dass höchstens der Tod anderer vorstellbar wird – wenn überhaupt.

> *»Die Dichterin Naomi Shihab Nye erinnert sich, daß sie ihre Mutter fragte:*
> *›Wann weiß man, daß man sterben wird?‹*
> *Diese antwortete: ›Wenn man keine Faust mehr machen kann.‹«*[104]

Im Dojo muss ich als Sensei viele Abschiede hinnehmen und sie als Übung betrachten. Oft bleiben Kinder jahrelang, reifen zu Persönlichkeiten heran,

103 Die dreifarbigen sogenannten Tricolor-, Schildplatt- oder auch »Glückskatzen« sind immer weiblich, weil Farbe geschlechtsgebunden weitervererbt wird. Sie gelten als besonders schön und sind selten, weswegen ihnen auf der ganzen Welt außergewöhnliche (Heil-)Kräfte nachgesagt werden.

104 Zitiert nach Rubin, Harriet: Machiavelli für Frauen, S. 141.

werden plötzlich erwachsen und gehen dann meist, um in einer anderen Stadt eine Ausbildung oder ein Studium zu beginnen. Manchmal sind sie so begabt oder inspiriert, dass sie die Idee von Chikara mitnehmen und dort mit meiner Unterstützung ein eigenes kleines Dojo gründen. Normalerweise gehen sie einfach fort.

Bei den Erwachsenen ist es so, dass die meisten dann aufhören, wenn ein bestimmtes Bedürfnis erfüllt ist. Das ist oft das Erreichen des Gelbgurtes. »Gibt es ein Leben nach dem Gelbgurt?«, habe ich schon vor vielen Jahren in einer unserer Vereinszeitschriften philosophiert. Nun haben die Frauen sich bewiesen, dass sie Karate »machen« können, aber weil es so anstrengend und die Neulust vergangen ist, beenden sie ihr Training. Die erste Aufregung ist vorbei, ein neues Ziel muss her. Zum Beenden werden diverse Gründe gefunden, alles sehr einsichtig (Zeit, Gesundheit, Arbeit …), aber im Prinzip uninteressant. Das Ergebnis ist immer dasselbe: Der Weg ist hier zu Ende. Oft ist es die eigene Erwartungshaltung, die dem Weitergehen im Wege steht: Wir glauben, den Fortgang der Dinge schon zu kennen, wir sind so angefüllt mit Vor-Wissen und Vor-Urteilen, dass wir uns nicht mehr öffnen können für die Möglichkeit von etwas Neuem im bereits Bekannten. Und in diesem Sinne bewahrheiten sich unsere Erwartungen – ganz klassisch als sich-selbst-erfüllende Prophezeiung.

Sogar, wenn sich der Zeitpunkt verschiebt, spätestens mit der »Grüngurtkrise«, ist der erste Reiz bei vielen endgültig vorbei. Nun werden in der Regel Konflikte in der Gruppe oder Unzufriedenheit mit der Sensei und dem Dojo insgesamt artikuliert und als Grund für das Aufhören angegeben. Ein Weitergehen würde jetzt ein Hinausgehen über das Technische und ein Sich-Einlassen auf das Entwickeln der Persönlichkeit, vor allem das Loslassen des Egos, bedeuten. Hierzu sind nur sehr wenige bereit. Dabei liegt der interessanteste Teil des Weges möglicherweise noch vor ihnen.

jedes freie Loslassen hält neues Glück bereit

Auf der anderen Seite bin ich als Sensei dankbar für jede Person, die den Weg ins Dojo gefunden hat, ganz gleich, wie lange sie bleibt. Denn vom Wuwei aus betrachtet, verweilen alle SchülerInnen genau so lange, wie sie es brauchen. Der (Mikro-)Kosmos hat seine eigenen Gesetze und jedes freie Loslassen hält neues Glück bereit – oder wie Rilke es so wunderbar formuliert:

»Man muss nie verzweifeln, wenn etwas verloren geht, ein Mensch oder eine Freude oder ein Glück; es kommt alles noch herrlicher wieder. Was abfallen muss, fällt ab; was zu uns gehört, bleibt bei uns, denn es geht alles nach Gesetzen vor sich, die größer als unsere Einsicht sind und mit denen wir nur scheinbar in Widerspruch stehen. Man muss in sich selber leben und an das ganze Leben denken, an all seine Millionen Möglichkeiten, Weiten und Zukünfte, denen gegenüber es nichts Vergangenes und Verlorenes gibt.«[105]

Nicht nur für die Senseis, auch für die SchülerInnen ist der Karate-Do ein Weg voller Abschiede. Wenn eine bestimmte Phase ihren Zweck erfüllt hat, ist sie beendet und kann losgelassen werden. So ist es auch mit dem Erreichen eines jeden neuen Gurtes im Kyudan-System[106]. Wir verabschieden uns, zum Beispiel vom Gelbgurt, und beschreiten eine neue Wegphase. Auch dieser Akt erfordert Loslassen und ist immer ein kleiner Abschied: von einer bestimmten Kata, die in hoher Intensität geübt wurde, von einer Gurtfarbe, die vielleicht besonders gut gefallen hat, einer Trainingszeit mit Begegnungen und Reisen und Wettkämpfen, vielleicht und vor allem von der eigenen Lebenszeit in einer Lernphase, die damit einen Rahmen erhalten und einen bestimmten Abschnitt beendet hat.

»Ein buddhistisches Sprichwort sagt: ›Du mußt das Buch schließen.‹ In den Tempeln der Buddhisten sieht man die Statue einer Frau, die die Weisheit darstellt. Sie trägt zwei Gegenstände: ein Buch und ein Messer. Das sind ihre Werkzeuge: ein Buch für den Geist und ein Messer, um Dinge abzuschneiden. Ein entscheidender Teil der Weisheit liegt darin, abbrechen zu können, zu wissen, was man beenden muß, und wann und wie man es tun muß.«[107]

Selten haben unsere Lebensphasen eine so deutliche Zäsur wie in den Gurtphasen ausgedrückt. So gesehen sind unsere Gurtprüfungen (die bei uns »Präsentationen« heißen) eine Art von Initiation. Das wird gut sichtbar bei der zeremoniellen Vergabe des jeweiligen Gurtes, die immer einen bestimmten Abschnitt

105 Rainer Maria Rilke in einem Brief an Friedrich Westhoff, Rom, 29.04.1904.

106 Kyudan ist die Abfolge der Niveaus in Gurtfarben ausgedrückt, das Graduierungssystem im Budo.

107 Rubin, Harriet: Machiavelli für Frauen, S. 136 f.

und auch einen Abschied[108] markiert. Hier werden bei Chikara die Senseis, die vor uns auf dem Weg waren, benannt und die Gurte mit den Worten meiner Sensei Marga Smit verliehen:

> *»als Dank dafür, wer du bist in diesem Dojo, als Anerkennung für das, was du geleistet hast, und als Inspiration für deinen Weg in Zukunft«.*

Der Ahnen wird gedacht und eine Vision wird in die Zukunft gelegt. Das letzte »Kampai«[109] der Teezeremonie gilt »allen Senseis, die vor uns auf dem Weg waren, und allen Senseis, die noch folgen werden«. Dabei »be-schreiben« die Gurte, auf denen die Namen aller Karateka verzeichnet sind, die ihn zuvor getragen haben, unsere Tradition im Dojo. Sie werden von den Senseis so ausgewählt, dass sie die Entwicklung der Karateka durch die »Energien« der VorgängerInnen fördern, ausgleichen oder beflügeln können. Dokan – der Weg ist ein Kreis. Auch hier findet sich in bestimmter Form die Wiederkehr einer jeden Karateka im Kreislauf des Kyudan.

…die Wiederkehr einer jeden Karateka im Kreislauf des Kyudan…

Natürlich freue ich mich nicht, wenn jemand das Dojo verlässt, und doch bin ich vor allem dankbar für die Zeit, in der diese Person etwas von dem Geist unserer Schule mitgenommen hat. Und ich bin mir sicher, dass dieser Geist die zu dem Zeitpunkt nötige Veränderung im Leben der Karateka bewirkt hat. Das heißt, eine bestimmte Phase hat ihren Zweck erfüllt, die Bedürfnisse an einen konkreten »Fortschritt« sind befriedigt. Das spiegelt sich oft sehr klar in dem, was die Karateka für sich als Gewinn konstatieren: Manchmal ist es mehr Selbstbewusstsein und Selbstbehauptung in der Schule oder auf der Arbeit, oft wurde auch eine größere Krise überwunden, Krankheit, beruflicher Neubeginn, Gewalterfahrung, Trennung und so weiter.
Einige bleiben nur für eine bestimmte Lebensphase, andere bleiben, um mehr zu erkennen. Die Kunst ist es, über die Anfangsbegeisterung hinaus fortzubestehen und Wachstum als kontinuierlichen Prozess zu begreifen. Dieser

108 Sowohl »schneiden« als auch »scheiden« stecken in den Wörtern »Abschnitt« und »Abschied«.

109 »Kampai« ist der japanische Trinkspruch.

erfordert mitunter sehr viel Geduld, manchmal auch ein Bleiben gegen innere Widerstände, immer aber im Vertrauen auf den Do, den Weg.

Vertrauen auf den Do, den Weg

Wenn sich ein ganz neuer Lebensweg eröffnet hat, bleiben die Karateka, die diesen für sich entdeckt haben, sehr lange. Sie sind in der Regel prädestiniert, Yoshu, also HelferIn, Sempai, also AssistentIn, oder Sensei zu werden. Sie gehören zum Kreis der »Inneren SchülerInnen« einer Sensei und suchen meist von Anfang an den engen Kontakt mit ihr. Ich darf es allerdings nicht persönlich nehmen, ob jemand zu mir kommt, lange oder kurz bleibt oder wieder geht. Hier gilt wie am Ende jeder Unterrichtsstunde das »domo aregato gozaimashta«, das interaktive »danke, dass ich von euch lernen durfte«. Denn jede Schülerin, jeder Schüler bereichert den Weg der Sensei genauso wie umgekehrt.

Ein Jahr vor der Schwarzgurt-Präsentation soll gemeinsam mit der Sensei eine Herausforderung ein Jahr vor der Schwarzgurt-Präsentation gefunden werden, die eine große Veränderung bedeutet: das kann für ein Jahr der Verzicht auf bestimmte Genussmittel sein, der Auftrag, das Schweigen zu kultivieren, oder sogar bestimmte Menschen wieder ins eigene Leben zu integrieren. Nur wenn die ganze Persönlichkeit im Wachstum gefordert ist, kann der Weg einer Sensei ernsthaft beschritten werden.[110] Denn hier beginnt der eigentliche Weg erst, und zwar in dem Bemühen, wieder zum Anfang, also zum Weißgurt-Geist, zurückzukehren und mit einer offenen Haltung und einem absichtslosen Geist noch einmal von vorne zu beginnen.

Wir sehnen uns nach Ergänzung und Vollendung

In diesem Kreislauf werden wir als Karateka immer wieder anderen Menschen begegnen, wir werden uns trennen oder verlieren und in anderen wiederfinden. In der Suche nach dem Selbst im anderen begegnet uns im Dojo genau dasselbe wie außerhalb: Wir sehnen uns nach der Ergänzung, der Vollendung durch den oder die andere. Das kann eine gute Quelle für Inspiration und Wachstum sein, solange wir uns nicht im anderen verlieren. Die eigene Entwicklung durch Idealisierung zu fördern, ist ein durchaus legitimer und natürlicher Weg, der zum Beispiel im Karrieretraining als »Modelling« gehandelt wird.

110 In diesem Zusammenhang steht auch der Koan, der Sinn- oder Rätselspruch, der einer Sensei bei Chikara zum Schwarzgurt vergeben wird und sie ein Leben lang begleiten soll.

Dokan – der Weg ist ein Kreis

Eine Sensei ist wörtlich »diejenige, die auf dem Weg vorausgeht«. Also nichts Besseres oder Begabteres, sondern einfach nur länger unterwegs und weiter.

Eine Sensei ist eine der Meisterinnen ihres Stils, sie trägt einen Schwarzgurt, unterrichtet Kampfkunst und bildet andere aus. Ihre Lebenseinstellung, gespiegelt in der Art des Unterrichtens und der Dojoführung, sollte vorbildlich und wegweisend sein.

Eine Sensei ist immer Sensei, ganz gleich, in welchem Lebenskontext sie sich bewegt. Sie wird alle SchülerInnen so lange begleiten, wie es für deren Weg gut ist, wie es sie wirklich fördert und voranbringt … und dann loslassen.

Eine Sensei übt sich im großen »Wuwei«, im Handeln durch Nichthandeln, auch wenn es sehr schwer sein kann, nicht einzugreifen, und öffnet doch dadurch den Blick auf einen Weg, den jeder und jede gehen kann, die dies für sich wirklich wünscht und entscheidet.

Eine Sensei-Deshi(SchülerIn)-Beziehung ist etwas Besonderes und Seltenes auf dieser Welt. Sie beginnt mit der »Initiation« durch die erste Gurt-Präsentation und kann bis zum Kreis der Inneren SchülerInnen führen. Immer, wenn eine neue Sensei »geboren« wird, kehrt die Sensei des Honbu-Dojos ein Stückchen mehr zu ihrem »Anfängergeist« zurück.

Die Erfolgsperson wird so genau beobachtet und nachgebildet, dass wir uns zu großen Teilen mit ihr identifizieren und von ihren positiven Eigenschaften profitieren können.
Dabei dürfen wir uns nur nicht auf dem Irrweg verlieren, dass wir glauben, die sogenannte »bessere Hälfte« in einer anderen Person finden zu können. Auch das passiert, wenn die vermeintlich »Fortgeschrittenen« im Dojo favorisiert und idealisiert werden. Diese »bessere Hälfte« ist eigentlich in uns selbst. Sie spiegelt sich lediglich in dem offenbaren »Ideal«, das uns begegnet. Wenn wir das wirklich tief entdeckt und begriffen haben, wird jede Beziehung zur reinen Bereicherung und führt darüber hinaus zu allumfassender Liebe allen Wesen und auch uns selbst gegenüber.

> *»Wenn wir aber einen Menschen finden können, der festen Glauben an seine eigene Güte, Schönheit und Wahrheit besitzt, dann können wir diese Person als Spiegelung unseres eigenen Wesens betrachten, um zu uns selbst zurückzukehren und die Vollkommenheit in uns zu berühren. Dann werden wir glücklich sein, wir werden damit aufhören, rastlos umherzuwandern. Wir können jemand werden, der alle fühlenden Wesen liebt und nicht nur einen einzelnen Menschen.«* [111]

»… um zu uns selbst zurückzukehren und die Vollkommenheit in uns zu berühren« – was für ein wunderbarer Gedanke!

111 Thich Nhat Hanh: The Art of Power, Herder, Freiburg 2012, S. 127 f.

Philosophie und Praxis: Den Wald betreten

»Sie haben uns das Kostbarste genommen, das wir hatten: die Stille.«

Der XIV. Dalai Lama beim Einzug der Chinesen in Tibet[112]

Seit vielen Jahren, fast mein Leben lang, laufe ich nun schon durch den nahegelegenen Wald, um meine Fitness zu erhalten und meine Kondition zu verbessern. Damals, als wir vom Fechtinternat aus diese Runden drehen sollten, hieß das noch Dauerlauf. Später kam das Joggen, seit meiner Rückenoperation nenne ich es nur noch »jöggeln« – ein zaghaftes Hüpfen auf schmalen Pfaden mit Gehpausen und manchmal ein wenig Schattenboxen. Dabei habe ich immer wieder Neues entdeckt, mich auf etwas Bestimmtes konzentriert: den Atem zählen, die Schritte wechseln, das Tempo variieren, geschmeidig laufen wie eine Leopardin, das Zentrum halten oder die Hüfte fallen lassen. Diese Übungen haben mich meinem Körper viel näher gebracht und mir immer wieder Glückserlebnisse beschert.
Mein Rundlauf endet auf einer wunderschönen Wiese im Wald, wo ich zur Ruhe komme, meinen Körper dehne, die Karateformen übe, meditiere, Tritte auf wackligem Grund trainiere, spielerische Bewegungen mit dem Stock ausprobiere, Tai Chi, Qigong und Wing Chun fließen lasse. Das sind die schönsten und vollkommensten Stunden in meinem Alltag.

Seit einiger Zeit habe ich, ganz absichtslos, eine neue Art entdeckt, den Wald zu betreten. Da sie so schwer in Worte zu fassen ist, will ich sie wenigstens skizzieren, in der Hoffnung, damit eine Inspiration zu sein für all diejenigen, denen sich der Weg öffnet:

112 Aus dem Spielfilm »Kundun« von Martin Scorsese, 1997.

Durch das Tor eintreten und staunen,
den Wald das erste Mal sehen,
das Schutzdach der hohen Bäume spüren,
die Konferenz der Bäume erkennen,
die Gruppen von Wesen durchschauen,
die Harmonie mit dem Himmel erblicken,
den feuchten Grund spüren,
die Wurzel berühren,
den Wald um Erlaubnis bitten,
die Fäden zu allen Wesen spinnen,
den Atem des Bodens aufnehmen,
den Schrei des Bussards im Innersten erfahren,
über den Wipfeln kreisen,
das Selbstgespräch verstummen lassen,
das Lauschen öffnen,
dem Rhythmus folgen,
das Unhörbare erahnen …

Seitdem ich den Wald so betrete, hat sich das Dojo auf wunderbare Weise ins Unendliche erweitert.
Ich verliere mein Selbst und finde es zugleich in allem, was mich umgibt.
Ich löse mich auf und bin doch überall.
Meine große Sehnsucht, sich in ein Aufgespanntsein über die sichtbare Welt hinauszudehnen und mich durch sie hindurch zu erfahren, wird erfüllt.

Ich verlasse den Wald mit einem Rei, das grenzenlos ist.

Glossar[113]

Budo, jap.: »Weg des Krieges«, ist der Oberbegriff für alle Wege, die sich aus den japanischen Kampfkünsten ableiten, wie zum Beispiel »Aikido«, »Kendo«, »Karate-Do« und so weiter, kann aber auch auf andere asiatische Stile wie das koreanische »Hapkido« bezogen werden; in Ergänzung dazu »bushido«: Weg des Kriegers und »bujitsu«/auch »bujutsu«, Kriegskünste, wörtlich »die Kunst, die Lanze zu brechen«. Die Übersetzungen und Verwendungen dieser und anderer Begriffe aus der Kampfkunst sind nicht immer eindeutig. Zum weiteren Studium der Begriffe siehe: *Lind, Werner: Budo. Der geistige Weg der Kampfkünste.*

Chado, jap.: »der Teeweg«, ist die japanische, streng ritualisierte Teezeremonie, die als hohe Kunst eine jahrzehntelange Ausbildung erfordert. Oberstes Prinzip ist die Harmonie des gesamten Ablaufs, in dem sich die Tugenden der Weg-Philosophie spiegeln: Achtsamkeit, Respekt, Demut u. a. In der Geschichte »Der Meister der Teezeremonie und der fahrende Krieger« zeigt sich, wie sehr sich der Teeweg und die Kampfkunst ihrem Wesen nach ähneln. In: *Fauliot, Pascal: Die Kunst zu siegen, ohne zu kämpfen*, S.100 ff. Einen interessanten Einblick liefert auch der Roman *»Die Teemeisterin« von Ellis Avery.*

Chi bedeutet im Chinesischen zunächst »Atem«, darüber hinaus »Energie«, die durch das Meridiansystem des Menschen hindurchströmt, aber auch in der Nahrung und in der Luft vorhanden ist. In der Traditionellen Chinesischen Medizin gibt es »Chi-MeisterInnen«, die ihr Chi an andere abgeben können. Theoretisch soll jeder Mensch sein Chi vermehren und lenken können. Dazu gibt es zahlreiche wissenschaftliche Untersuchungen. Dem »Chi« entspricht das japanische »Ki«. Als weiterführende Lektüre sei empfohlen: *Koichi Tohei: Das Ki-Buch. Der Weg zur Einheit von Geist und Körper. Sowie ders.: Ki im täglichen Leben.*

Chikara, jap.: »Kraft, Macht, Stärke«, auch: »innere Kraft, Lebensenergie« findet sich in vielen Zusammensetzungen und Zusatzbedeutungen. Den Namen

113 In einer Zeit, in der das meiste Wissen via Internet verfügbar zu sein scheint, beschränke ich mich in diesem Glossar auf eine kurze Begriffsklärung und Hinweise bezüglich meiner persönlichen Prioritäten. Ich empfehle allen, die sich intensiver mit diesen Themen beschäftigen wollen, die eigene Recherche.

Chikara fand Sensei Marga Smit in Robert Trias' Buch *The Pinnacle of Karate*, S. 223, mit der Übersetzung »strength« und benannte danach 1995 das »Frauenbewegungszentrum Chikara« in Bonn. Chikara wird mittlerweile gleichbedeutend mit dem Stil unserer Schule verwendet, einer Mischung aus traditionellem Okinawa Karate (Shuri-ryu-Karate), Selbstverteidigung, Stockkampf, Selbstbehauptung, Tai Chi, Qigong und mentalem Training von Frauen für Frauen, Kinder und Jugendliche.

Dan, jap.: »Stufe«, »Rang«, bezeichnet die in den verschiedenen Kampfkunst- und Kampfsportschulen geläufige Unterteilung in Schwarzgurtgrade: Siehe das hervorragende Kapitel »Kyudan« in *Lind, Werner: Budo*, S. 68–88. Sie werden abgeprüft, erworben, verliehen, zugesprochen, postum vergeben – je nach Tradition einer Schule oder dem Gutdünken der GroßmeisterInnen. Bei Chikara gibt es stattdessen »YoT« als Hinweise auf die Anzahl der »Years of Teaching« als Schwarzgurt, in der Annahme, dass nur ein kontinuierliches Lehren und Lernen zur äußeren und inneren MeisterInnenschaft führen kann.

Deshi, jap.: »SchülerIn«, in Abgrenzung zu AssistentInnen (Yoshu, Sempai) und LehrerInnen (Sensei) einer Kampfkunstschule.

Do, jap. (chin.: Tao): »Weg, Pfad, Lehre, Prinzip, Methode«. Die Philosophie des Do macht aus jeder achtsamen Übung eine Kunst.

Dojo, jap.: »der Ort des Weges«, auch »der Ort der Erweckung«, an dem der Weg geübt wird: die Praxis des Zen, der Kampfkünste, des Teeweges und so weiter. Ein Dojo kann auch im Wald oder auf einer Wiese sein, wenn die Übenden sich hier im Geiste des Do einfinden. Es wird mit Respekt betreten und verlassen, in ihm gelten die Regeln der Achtsamkeit, bei Chikara Achtsamkeit in Sprache und Bewegung.

Dojo-Etikette bezeichnet die Regeln, die in einem Dojo gelten. Sie sind meist schriftlich zusammengefasst und sollten bei Aufnahme in eine Kampfkunstschule akzeptiert werden. Berühmt wurden die zwanzig Regeln von Gishin Funakoshi, in denen er den spirituellen Aspekt des Karate-Do als

Leitfaden formuliert. *Funakoshi, Gichin: Karate-Do. Die Kunst, ohne Waffen zu siegen*. Die **Dojokun** geht bis auf Bodhidarma zurück und beschreibt die Leitsätze einer Kampfkunst-Ethik, so zum Beispiel Tugenden wie Wahrhaftigkeit und Gelassenheit. Siehe auch: Fritz Nöpel: »Dôjôkun. Das Edle bewahren«, in: *Schlosser-Nathusius, Uschi und Florian Markowetz (Hrsg.): Kampfkunst als Lebensweg*, S. 11–31.

Dokan, jap.: »der Weg ist ein Kreis«. Vermittelt in der Kalligraphie des »Enso« (jap.: »Kreis«) beschreibt die Philosophie des Dokan die Vertiefung der Erkenntnis in der scheinbaren Wiederholung bis hin zum Zustand der Erleuchtung.

Gi, eigentlich »Keikogi« oder »Dogi«, jap.: Kampfkunstanzug. Der Gi unterscheidet sich je nach Stil, ist im Schwertkampf (Kendo) anders als im Aikido. Im Karate ist der Gi normalerweise weiß. Bei Chikara tragen wir schwarze Anzüge, um uns als Frauenkampfkunst von der Tradition anderer, oft militant anmutenden Karateschulen abzusetzen. Der Gi wird innen links und außen rechts geschnürt, umgekehrt nur zur Beerdigung eines/r Karateka.

Honbu-Dojo, jap.: »Haupt-Dojo«. Das Honbu-Dojo ist der Hauptsitz einer Kampfkunstschule oder Organisation, die »Mutterschule«, in der auch die Gurtprüfungen, bei Chikara »Präsentationen«, stattfinden. Ein Honbu-Dojo wird auch als das »Wohnzimmer einer Sensei« bezeichnet und kann es in der Realität tatsächlich sein. Manche Senseis verlegen den Hauptsitz ihrer Schule in ihr eigenes Haus oder umgekehrt: wohnen dort, wo auch trainiert wird. In einem Honbu-Dojo befindet sich meist ein Shintoistischer Hausalter, ein Kamiza.

Kado, jap.: »Weg der Blumen«, ist eine der Weglehre verbundene Form des Blumensteckens (Ikebana). Dabei handelt es sich um eine ritualisierte Kunst wie der Teeweg (Chado) oder die Kunst des Schwertziehens (Iaido). Kado hat eine lange Tradition, in der alle Tugenden der Weglehre bis hin zur Perfektionierung der Form ihren Ausdruck finden. Siehe auch *Gusty L. Herrigel: Zen in der Kunst des Blumen-Weges*. Gusty Herrigel ist die zweite Ehefrau des bekannt gewordenen Autors und Zen-Experten Eugen Herrigel (*Zen in der Kunst des Bogenschießens*, erstmals 1948), mit dem sie Japan bereiste. Dort erlangte sie 1929 ihren 2. Dan im Kyudo.

Karate, jap.: »leere Hand«, ist eine japanische Kampfkunst, deren Wurzeln bis zu den Lebzeiten des Bodhidharma zurückreichen sollen und die sich später vor allem auf der vielfach umkämpften Insel Okinawa aus einem Waffenverbot (ab 1422) heraus weiterentwickelte. Die einzelnen Stile unterscheiden sich im Wesentlichen durch die darin überlieferten Katas (Kampfformen). Neben den Katas werden Zweikampfübungen in festgelegter Form (Kumite) oder als Freikampf trainiert. Eine Person, die Karate trainiert, wird als **Karateka** (der oder die Karateka, plural: Karateka, ohne s. Siehe: Duden) bezeichnet. Das Wort »Do« macht aus der Technik der Selbstverteidigung eine Weglehre: Karate-Do. Vergleiche hierzu den hervorragenden Wikipedia-Artikel.

Kata, jap.: »Form«, auch als Tanzmuster im japanischen No-Theater, ist im Budo eine Kampfform gegen imaginäre GegnerInnen. Sie kann alleine, synchron mit anderen zusammen oder als **Bunkai** (mit AngreiferInnen) geübt werden. Zu jedem Gurtniveau gehört das Erlernen von mindestens einer neuen Kata. Im Shuri-ryu-Karate sind das im Anschluss an die erste Grundform (Tayoko) Kata Wunsu (1685), Kata Anaku (1895), Kata Naihanshi (1825), Kata Empisho (1685), Kata Sanchin, Kata Tsue Sho (mit Langstab/ Bo) (1765), Kata Bassai Dai (1869), Kata Gopeisho, Kata Dan Enn Sho, Kata Nan Dan Sho, Kata Kan Ku Sho, Kata Te-Katana (mit Sai/ Dreizack), Ten Sho Kata. Bei einem Wettkampf wird die Kata – unter Einhaltung der Dojo-Etikette – nach Ansage von Name der Karateka, Stil und Name der Form einer Jury vorgeführt. Chikara-Karateka besuchen normalerweise Multi-Style-Turniere, die nach anderen Regeln ausgetragen werden als Sportkarate-Wettkämpfe. Vergleiche hierzu meinen Artikel »Eurogames 2004. Miteinander statt gegeneinander«: http://www.chikara-frauen.de/ueber-uns/eurogames-2004.html

Kiai, jap.: wörtlich »Zusammenkommen von Energie (Ki) in Harmonie (ai)«. Ein Kiai ist zu Beginn des Kampfkunst-Trainings oft ein willentlich gemachter Kampfschrei, der die Gegner erschrecken und die eigenen Kräfte mobilisieren soll. Später kann ein aus dem Hara (Energiezentrum im Unterbauch) steigender, durchdringender Laut entstehen, in dem die geballte Energie eines komplexen Augenblicks enthalten ist. Beim Üben einer Kata wird dies dadurch trainiert, dass auf dem Höhepunkt der Form – also der Auseinandersetzung mit den

GegnerInnen – ein Kiai vorgegeben ist. Auch im Grundtraining wird auf regelmäßige Zählzeichen ein Kiai gemacht. AnfängerInnen staunen oft über die Kraft der eigenen Stimme, wenn sie die erste Verlegenheit überwunden haben. Zur Effizienz des Kiais siehe u. a. die Erzählung »Das unglaubliche Qi« in dem hervorragend kommentierten Buch: *Fauliot, Pascal: Die Kunst zu siegen, ohne zu kämpfen, Geheimnisse und Geschichten über die Kampfkünste*, S. 48–50.

Kiba dachi, jap.: »Reiterstellung«. Die zweimal Schulter-breite Grundstellung, in der Basistechniken geübt werden können. Der tiefe Körperschwerpunkt verleiht dieser Stellung ihre enorme Stand- und Widerstandskraft. Eine weiterführende Bewegungslehre (die über die teils sehr starren japanischen Stellungen hinausgeht) von der inneren Haltung bis zur Beinarbeit findet sich bei *Lee, Bruce: Jeet Kune Do.*

Kyudan, das Graduierungssystem nach Kyu (SchülerInnengrad) und Dan (MeisterInnengrad). Es lässt sich an der Farbe der Gurte (von weiß bis braun, je nach Schule und Stil verschieden) ablesen, auf welchem Kampfkunstniveau mein Gegenüber trainiert. Damit sind sowohl technische als auch persönliche Entwicklungen gemeint. Allerdings sollte der hierarchische Charakter der Gurtfarben nicht überbewertet werden. Ein japanischer Großmeister soll in diesem Zusammenhang gesagt haben: »Die Gurte sind nur dazu da, um die Hosen zusammenzuhalten.« Vergleiche auch die Geschichte »Schwarzgurt für einen Tag« in: *Webster-Doyle, Terrence: Im Zentrum des Wirbelsturms. Erzählungen der Meister der Leeren Hand*, S. 71–75.

Kyudo, jap.: »Weg des Bogens«, ist die Kunst des Bogenschießens. Dieser von westlichen Bögen verschiedene asymmetrische Bogen hat eine lange Tradition und führt weit in die Zeiten der Samurai zurück. Wie in den anderen Wegkünsten geht es auch hier um die Beherrschung der Form, der Etikette, des Ablaufs und der Konzentration in Gestalt von Kime (Fokus). Im Kyudo wie im Kendo lässt sich die Umsetzung von Ki-Energie in der Aktion besonders eindringlich erleben. Die zentralen Werte, die im Kyudo Entfaltung erfahren sollen, sind Wahrheit, Güte und Schönheit.

Mitsurin dachi, Tiger- oder Leopardstellung, ist die leichtfüßige Kampfposition im Shuri-ryu-Karate, bei der beide Füße etwa auf einer Linie im 45°-Winkel stehen. Sie kommt der von Bruce Lee (siehe: Kiba dachi) beschriebenen, agilen Freikampfstellung nahe.

Rei, die respektvolle Verneigung, oft einfach übersetzt mit Gruß, ist eine der sieben Tugenden: Gi: Aufrichtigkeit und Gerechtigkeit; Yu: Mut; Jin: Güte; Rei: Höflichkeit; Makoto oder Shin: Wahrheit und Wahrhaftigkeit; Meiyo: Ehre; Chūgi: Treue oder auch Chū: Pflicht, Loyalität. In einem Dojo verneigen wir uns beim Betreten und Verlassen des Raumes als Ort des Weges, zu Beginn und Ende einer PartnerInnen-Übung und wenn Fragen an die Sensei gerichtet werden. Dabei sind bei Chikara die Füße ganz geschlossen und der Blickkontakt wird gehalten. Haben sich zwei Personen vor einer Übung gegrüßt, darf keine Karateka zwischen diesem Paar durchlaufen. Die respektvolle Verbindung soll nicht gestört oder durchkreuzt werden. Mit diesem Rei versichern wir, dass wir zu Übungszwecken miteinander in Kontakt gehen, niemanden verletzen wollen und die Etikette wahren.

Ryu, jap.: System oder Stil. »Ryu« ist auch in der Übersetzung »Drache« und als männlicher Vorname in Japan bekannt. Es gibt zahlreiche Karatestile, die in irgendeiner Form miteinander »verwandt« sind oder die sich als Familienstile voneinander separiert haben. Meistens sind die Katas einer bestimmten Richtung auf einen der wenigen Großmeister und deren Überlieferungen zurückzuführen. Es gibt zahlreiche Bemühungen, diese Stammbäume zu modifizieren.

Sempai, auch Senpai, jap.: wörtlich »die Person, die länger dabei ist«; übertragen: die dem Weg nachfolgt. Ein/e Sempai bei Chikara ist eine fortgeschrittene Karateka, die das Dojo und die Sensei in jeder Hinsicht unterstützt, die Schule nach außen präsentiert, eigenen Unterricht übernimmt und Verantwortung für die Menschen im Dojo trägt. Sie ist der Sensei und dem Dojo durch Loyalität verbunden, gleichzeitig ist sie auch offen für die Bedürfnisse der Trainierenden, die sich bei Fragen und Problemen immer an sie wenden können. So gesehen bildet sie die Brücke zwischen den Karateka und der Sensei. Eine Sempai wird von der Sensei ernannt, sobald sichtbar wird, dass diese den Geist der Weglehre aufgenommen hat.

Sensei, jap.: die Person, die vorher geboren ist, also mehr Zeit hatte, zu lernen und Wissen anzusammeln. Bei Chikara übersetzt als diejenige, die den Weg vorausgeht. Ein/e Sensei, auch übersetzt als LehrerIn, ist die Leitung der Schule; alle Schwarzgurte eines Dojos sind Senseis und werden mit »Vornamen plus Sensei« angesprochen. Senseis sollten sich durch Reife, Lebenserfahrung und darauf beruhende Weisheit »bewahrheiten«. Die Anredeformen können je nach Tradition und Stil variieren. In manchen Schulen werden alle, die unterrichten, mit Senseis angesprochen. Auch kann es vorkommen, dass Karateka einen Schwarzgurt erhalten, ohne Sensei zu sein, also weder unterrichten noch der Weglehre verbunden sind.

Shodo, jap.: »Weg des Schreibens«, ist die Kunst der japanischen Kalligraphie. Davon zu unterscheiden ist »Hitsuzendo« (der Weg des Pinsels), die meditative Ausrichtung der Kalligraphie-Übung, in der aus einem Impuls heraus intuitiv Pinselstriche entstehen.

Shuri-Ryu-Karate ist der Karatestil, auf dem das Training bei Chikara basiert. »Shuri« bezieht sich sowohl auf die Geschichte, die ehemalige Hauptstadt Okinawas, als auch auf die Übersetzung in »schön und graziös« sowie auf das Dreistufenmodell der Weglehre »Shu Ha Ri«: Lernen von Tradition, Übersteigen von Kenntnis, Erreichen von Transzendenz.

Weglehre, jap.: Oshi, ist die so schwer in Worte zu fassende Philosophie der Persönlichkeitsentwicklung durch Kampfkunst oder andere Do-Praktiken. (Ein Verständnis für die Zeitlosigkeit dieser Philosophie eröffnet die Lektüre von Laotses Werk *Tao te King*, auch *Dao de Jing*. Dao/ Tao, chin.: der Weg, findet sich noch einmal ganz anders und wunderbar leicht beschrieben im *Tao te Puh* von Benjamin Hoff, in dem Puh, der Bär, als Inkarnation der vollendeten Weisheit erscheint.) Die Komponenten der Lehre ergeben sich für jedes Individuum je nach Voraussetzung, Offenheit und ständigem Bestreben. Die Überschriften der einzelnen Stationen oder Weggefährten könnten lauten: Achtsamkeit,

Gelassenheit, Friedfertigkeit, Güte, Herzensweisheit, Freiheit, Demut, Wahrhaftigkeit, Dankbarkeit, Vertrauen, um nur einige zu nennen. Der Weg ist nicht willentlich zu erfassen, zu beschreiben oder zu begehen, sondern entwickelt sich sukzessiv und führt zu einer Gesamthaltung, die sogar von dem Anspruch befreit ist, ein Ergebnis benennen zu wollen.

Wendo, in Anlehnung an die japanische Do-Lehre aus dem Amerikanischen (women do): Weg der Frauen, aber auch im Sinne von engl.: »Frauen tun es«. Wendo ist Selbstverteidigung durch körperliche »Wehrbarkeit«, Selbstbehauptung, Selbststärkung und ein positives Selbstverständnis als Frau. Die Wendo-Bewegung entwickelte sich in den 70er Jahren auch als Antwort auf Selbstverteidigungskurse, die den Kampfsport in den Vordergrund rückten, mit Angst arbeiteten, von Männern unterrichtet wurden und so das Bild vom »überlegenen Mann« weiterhin bestärkten. Wendo wird weltweit nur von Trainerinnen an Frauen und Mädchen weitergegeben.

Wuwei, das Wirken des universellen Prinzipes durch Handeln im Nichthandeln. Gemeint ist das vertrauensvolle Sich-Einlassen auf positive, vor allem aber auch negative Bewegungen, die das Leben mit sich führt. Das können überraschende, erschreckende, störende, verletzende oder verwirrende sein, immer aber führen sie insgesamt zu einer Bereicherung, sofern die betroffene Person ihre Widerstände erkennt und diese loslässt. Dem steht das Bedürfnis nach Macht, der Wunsch nach Kontrolle oder Überlegenheit (Gewinnsucht, Rechthaben etc.) entgegen, kurz: das Wirken des Ego. Wird dies überwunden, ist die Erkenntnis möglicherweise von dem Aha-Effekt begleitet, dass wir erst hinterher begreifen, wozu etwas gut gewesen ist.

Yoshu, Herkunft und Übersetzung unbekannt: AssistentIn im Dojo. Sie/er sitzt bei Unterrichtsbeginn zur Linken der Sensei und ist im Training ihre »rechte Hand« vom Aufwärmen bis zum Zählen. Viele erleben als Yoshu zum ersten Mal das Unterrichten (von der anderen Seite des Raumes), entwickeln ein tieferes Verständnis für die Techniken und erfahren Selbstsicherheit im Umgang mit Gruppen.

Literaturverzeichnis

Albrecht, Maik und Frank Rudolph: Wu. Ein Deutscher bei den Meistern in China. Palisander, Chemnitz 2011.
Anders, Frieder: Taichi, Chinas lebendige Weisheit. Irisiana, München 1980.
Avery, Ellis: Die Teemeisterin. Karl Blessing Verlag, München 2008.
Beck, Charlotte Joko: Zen im Alltag. Knaur, München 2000.
Bibel in gerechter Sprache. Hrsg. von Ulrike Bail, Frank Crüsemann u. a. Gütersloher Verlagshaus, o. J.
Bockemühl, Jochen: Erwachen an der Landschaft. Freie Hochschule für Geisteswissenschaft am Goetheanum, Dornach/Schweiz 1992.
Bode, Sabine: Die vergessene Generation. Die Kriegskinder brechen ihr Schweigen. Mit einem Nachwort von Luise Reddemann. Klett-Cotta, Stuttgart 2004.
Bode, Sabine: Kriegsenkel. Die Erben der vergessenen Generation. Klett-Cotta, Stuttgart 2009.
Bowen, Will: Einwandfrei. A complaintfree world. Arkana, München 2008.
Braun, Friederike: Mehr Frauen in die Sprache. Leitfaden zur geschlechtergerechten Formulierung. Hrsg. v. Ministerium für Justiz, Frauen, Jugend und Familie des Landes Schleswig-Holstein. Kiel 2000.
Chen, Michael: Der kleine Zenmeister. Die Weisheit des Ostens. Knaur, München 1999.
Chung Cheok Tow: Chinesisches Schattenboxen. Anleitung zum Shao-Lin. VDB, Darmstadt 1971.
Chungliang Al Huang: Tai Ji. Leben ist Bewegung. GU Verlag, München 1988.
Cixous, Hélenè: Die unendliche Zirkulation des Begehrens. Merve, Berlin 1977.
Coelho, Paolo: Sei wie ein Fluss, der still die Nacht durchströmt. Neue Geschichten und Gedanken 1998–2005. Diogenes, Zürich 2006.
Cox, Lynne: Der kleine Wal. Blanvalet, München 2006.
Crompton, Paul: Praktische Einführung in das T'ai Chi. Prinzipien, Techniken und Körperübungen. Irisiana, München 1996.
Dalai Lama: Der Weg zum sinnvollen Leben. Das Buch vom Leben und Sterben. Herder, Freiburg i. Br. 2003.
DeMasco, Steve: Der Weg des Shaolin. Goldmann, München 2006.

Deshimaru-Roshi, Taisen: ZEN in den Kampfkünsten Japans (1985). Kristkeitz, Heidelberg 1994.

Dieckmann, Peter Michael: Kampfkunst des Herzens. Goldmann, München 2013.

Dürckheim, Karlfried Graf: Wunderbare Katze und andere Zen-Texte. Knaur, München 2011.

Dunsford, Cathie: Manawa Toa. Roman. Zweitausendeins, Hamburg 2001.

Egli, René: Das Lola-Prinzip oder die Vollkommenheit der Welt. Editions D'olt, Oetwil 1994.

Eisler, Riane: Kelch & Schwert. Arbor, Freiamt 2005.

Emoto, Masaru: Die Botschaft des Wassers. Koha-Verlag, Burgrain 2002.

Enders, Guilia: Darm mit Charme. Alles über ein unterschätztes Organ. Ullstein, Berlin 2014.

Engels, Sybille und Jan Eßwein: Meditation für Neugierige und Ungeduldige. GU, München 2008.

Estés, Clarissa Pinkola: Der Tanz der Großen Mutter. Heyne-Verlag, München 2012.

Estés, Clarissa Pinkola: Die Wolfsfrau. Die Kraft der weiblichen Urinstinkte. Heyne-Verlag, München 1993.

Fauliot, Pascal (Hrsg.): Die Kunst zu siegen, ohne zu kämpfen. Geheimnisse und Geschichten über die Kampfkünste. Aus dem Französischen übertragen von Loel Zwecker. Hugendubel, München 2001.

Francia, Luisa: Auf Katzenpfoten zur Nirvanarolle. Frauenoffensive, München 2004.

Funakoshi Gichin: Karate-do. Die Kunst, ohne Waffen zu siegen. Piper, München 2007 (Japanische Erstausgabe 1938).

Gäckle, Annelene (Hrsg.): Leitfaden der Gleichstellungsbeauftragten Uni Köln: ÜberzeuGENDERe Sprache. Köln 2013.

Gaines, Edwene: The Four Spiritual Laws of Prosperity. Rodale Books, United States 2005.

Graff, Sunny: Mit mir nicht! Selbstbehauptung und Selbstverteidigung im Alltag. Orlanda, Berlin 1995.

Graff, Sunny: Mädchen sind unschlagbar. Selbstverteidigung kannst du lernen! Ravensburger Buchverlag 2001.

Gronemeyer, Marianne: Die Macht der Bedürfnisse. Überfluss und Knappheit. Wissenschaftliche Buchgesellschaft, Darmstadt. 2. Auflage 2011.

Gronemeyer, Marianne: Simple Wahrheiten und warum ihnen nicht zu trauen ist. Primus, Darmstadt 2006.

Guorui, Jiao: Die 15 Ausdrucksformen des Taiji-Qigong. ML Verlag, Uelzen 1997.

Habersetzer, Roland: Koshiki Kata. Die klassische Kata des Karatedô. Palisander, Chemnitz 2005.

Habersetzer, Roland: Karate der Meister. Mit Körper und Geist. Palisander, Chemnitz 2010.

Harsdörffer, Georg Philipp: Poetischer Trichter – Die Teutsche Dicht- und Reimkunst/ohne Behuf der Lateinischen Sprache/in VI. Stunden einzugiessen. Nürnberg 1648–1653. Reprografischer Nachdruck: Georg Olms Verlag, Hildesheim/New York 1971.

Hay, Louise L.: Gesundheit für Körper und Seele. Ullstein, Berlin 2010.

Hay, Louise L.: Meine innere Weisheit. Meditationen für Herz und Seele. Knaur, München 2004.

Held, Wolfgang: Alles ist Zahl. Freies Geistesleben, Stuttgart 2011.

Herrigel, Gusty L.: Zen in der Kunst des Blumen-Weges, 1957, Barth Verlag, Bern, München, Wien 2000.

Herrigel, Eugen: Zen in der Kunst des Bogenschießens, Barth Verlag, Bern, München, Wien 2003 (1. Auflage 1948).

Hildenbrand, Gisela u. a.: Qigong und China. IIZ DVV, Bonn 2000.

Hoff, Benjamin: Tao Te Puh. Das Buch vom Tao und von Puh dem Bären. Synthesis, Essen 1984.

Hoppe, Stephanie T.: Sharp Spear, Crystal Mirror. Martial Arts in Women´s Lives. Park Street Press, USA 1998.

Hüholdt, Jürgen: Wunderland des Lernens. Lernbiologie, Lernmethodik, Lerntechnik. VfD, Bochum 1998.

Hyams, Joe: Der Weg der leeren Hand. Zen in der Kunst des Kampfes. Delphi, München 1999.

Inazo Nitobe: Bushido. Der Ehrenkodex der Samurai. Anaconda, Köln 2006.

Innere Kampfkünste. Special des Taijiquan und Qigong Journals, Hamburg 2005.

Irigaray, Luce: Das Geschlecht, das nicht eins ist. Merve, Berlin 1979.

Irigaray, Luce: Speculum. Spiegel des anderen Geschlechts. Suhrkamp, Frankfurt 1980.
Jarosch, Ingo: Die Acht Brokate. Kraft und Entspannung aus dem Reich der Mitte. Rowohlt, Hamburg 1994.
Katie, Byron: Lieben, was ist. Wie vier Fragen Ihr Leben verändern können. Goldmann, München 2002.
Kia, Romeo Alavi und Renate Schulze-Schindler: Sonne, Mond und Stimme. Atemtypen in der Stimmentfaltung. Aurum, Bielefeld 2002.
Kogel, Helmut: Kata Bunkai. Die geheimen Techniken im Karate. Aachen 2010.
Kopp, Wolfgang: Zen. Jenseits aller Worte. Ansata Verlag, Interlaken 1993.
Kropp, Dirk und Christina Barandun: Aikido. Die friedfertige Kampfkunst zur Persönlichkeitsentfaltung. Kösel, München 2009.
Kuhn Shimu, Sandy Taikyu: Mit Buddha Tee trinken. Eine Einführung in die chinesische Teezeremonie. Schirner, Darmstadt 2011.
Kurz, Felix: Die Shaolin Mönche. Mit einem Vorwort vom Abt des Shaolin Klosters. Edition Braus, Berlin 2012.
Kwong Kuen Shan: Die Katze und das Tao. Auf Samtpfoten zur Weisheit. Knaur, München 2003.
Laotse: Tao Te King. Hugendubel, München 1989.
Lauterbach, Ute: Wie viel weniger ist mehr? Herder, Freiburg i. Br. 2010.
Lauterbach, Ute: Das Zeitbeschaffungsbuch. Kreuz, Freiburg i .Br. 2011.
Lauterwasser, Alexander: Das Geheimnis der Schildkröte. Eine Entdeckungsreise durch Morphologie, Zoologie und Mythologie eines wundersamen Tieres. AT Verlag, Aarau und München 2009.
Lawler, Jennifer: Dojo Wisdom. 100 Simple Ways to Become a Stronger, Calmer, More Courageous Person. Penguin Compass, New York 2003.
Lawler, Jennifer: Martial Arts for Women. Turtle Press, Hartford 1998.
Lawler, Jennifer und Laura Kamienski: Training Women in the Martial Arts. A Special Journey. Wish Pub, USA 2007.
Lee, Bruce: Jeet Kune Do. Hrsg. v. Linda Lee. Falken, Niedernhausen 1998.
Lehrhaupt, Linda Myoki: Stille in Bewegung – Tai Chi und Qi Gong. Theseus, Berlin 2001.
Lévi-Strauss, Claude: Die Struktur der Mythen, in: Strukturale Anthropologie I. Suhrkamp, Frankfurt a. M. 1978, S. 226–254.

Lévi-Strauss, Claude u. a. : Mythos ohne Illusion. Suhrkamp, Frankfurt 1984.
Li, Christine und Ulja Krautwald: Der Weg der Kaiserin. Knaur, München 2003.
Lin, Jean-Claude (Hrsg.): A tempo, Das Lebensmagazin der Verlage Freies Geistesleben und Urachhaus. Stuttgart.
Lind, Werner: Budo. Der geistige Weg der Kampfkünste. Barth, Bern u. a. 1995.
Lind, Werner: Die klassische Kata. Barth, Bern u. a. 1995.
Lorent, Angela: Findegöttinnen. Frauenverwandelte Mythen und Märchen. Edition nebenan, München 1993.
Mancuso, Stefano und Alessandra Viola: Die Intelligenz der Pflanzen. Aus dem Italienischen übersetzt von Christine Ammann. Antje Kunstmann Verlag, München 2015.
Mannschatz, Marie: Buddhas Anleitung zum Glücklichsein. GU, München 2007.
Markert, Christopher: Dantien. Die Körpermitte als Quelle von Vitalität und Lebensfreude. Irisiana, München 1997.
Markowetz, Florian und Uschi Schlosser-Nathusius: Kampfkunst als Lebensweg. Kristkeitz, Heidelberg 2004.
Masutatsu Oyama: Kyokushin. Der Karate-Weg. Kristkeitz, Heidelberg 1987.
Matsumura, Sokon: Bubishi. Handbuch der Karate Kampfkunst. Angkor, Frankfurt 2006.
McCabe Cardoza, Monica: A Women's Guide to Martial Arts. Overlook, Woodstock 1998.
Measara, Jamal: Karate Kata No Rekishi. Die Geschichte der Karate-Katas. Kehlheim 2002.
Meister Takuan: Zen in der Kunst des kampflosen Kampfes. Barth, Frankfurt 1986.
Meyer-Wiel, Rena: Die Geschichte von den Walen und den Delphinen. CMS, Wuppertal 2007.
Millman, Dan: Der Pfad des friedvollen Kriegers. Ansata, München 1996.
Millman, Dan: Die Kraft des friedvollen Kriegers. Econ, München 2001.
Millman, Dan: Die Rückkehr des friedvollen Kriegers. Heyne, München 1991.
Millman, Dan: Socrates. Der friedvolle Krieger. Heyne, München 2004.
Millman, Dan: Die Weisheit des friedvollen Kriegers. Ansata, München 2006.
Miyamoito Musashi: Fünf Ringe. Die Lehre eines Samurai-Meisters. Knaur, München 1994.

Mohr, Bärbel: Bestellungen beim Universum. Ein Handbuch zur Wunscherfüllung. Omega, Düsseldorf 1998.
Muraro, Luisa: Stärke und Gewalt. Aus dem Italienischen übersetzt von Angelika Dickmann u. Gisela Jürgens. Christel Göttert Verlag, Rüsselsheim 2014.
Myong, Ko: Shinson Hapkido. Bewegung für das Leben. Darmstadt 1995.
Nicol, C.W.: Moving Zen. Zen in der Bewegung. Eine Reise in das Herz des Karate. Schlott-Books, Lauda 2001.
Nydahl, Lama Ole: Wie die Dinge sind. Eine zeitgemäße Einführung in die Lehre Buddhas. Knaur, München 2004.
O´Halloran, Maura: Im Herzen der Stille. Aufzeichnungen einer Zen-Schülerin. Krüger, Frankfurt a.M. 1995.
O´Hara, Myochi Nancy: Zen. Meditation und Entspannung. Naumann & Göbel,
Ohms, Constance (Hrsg.): Frauenkampfkunst. Orlanda, Berlin 1997.
Olvedi, Ulli: Das Stille Qi Gong nach Meister Zhi-Chang Li. Ullstein, Berlin 2004.
Olvedi, Ulli: Die Stimme des Zwielichts. Roman. Knaur, München 2002.
Olvedi, Ulli: Wie in einem Traum. Roman. Knaur, München 2001.
Payne, Peter: Martial Arts: The Spiritual Dimension. London 1981.
Peterson, Susan Lynn: Legends of the Martial Arts Masters. Tuttle Publishing, North Clarendon 2003.
Plai Tamin und Smingplai: Pahuyuth. Die Geschichte der Thailändischen Kampfkunst. Paperwitch, Berlin 2013.
Pongratz, Joachim: Qi Gong im Alltag. Leichte altchinesische Übungen für Gesundheit und Vitalität. Knaur, München 2001.
Pusch, Luise F.: Das Deutsche als Männersprache. Suhrkamp, Frankfurt 1984.
Pusch, Luise F.: Alle Menschen werden Schwestern. Suhrkamp, Frankfurt 1990.
Rinpoche, Drukpa: Tibetische Weisheiten. Dtv, München 1999.
Rockwell, Irini: Die fünf Weisheits-Energien. Integral Verlag, München 2002.
Rotter, Julian: Generalized expectancies for internal versus external control of reinforcement. Psychological Monographs, 80. (Whole No. 609), 1966.
Rubin, Harriet: Machiavelli für Frauen: Strategie und Taktik im Kampf der Geschlechter. Krüger, Franfurt 1998.
Ruhnke, Amiyo: Zen: Mit den Wolken reisen. Urania, Neuhausen 2000.
Schireson, Grace: ZenFrauen. Jenseits von Teedamen, Eisernen Jungfrauen und Macho-Meisterinnen. edition steinrich, deutsche Ausgabe, Berlin 2014.

Schottelius, Saskia: Das imaginäre Ich. Subjekt und Identität bei Bachmann und Lacan. Peter Lang, Frankfurt u. a. 1990.
Schottelius, Saskia: Fatum, Fluch und Ironie. Zur Idee des Schicksals in der Literatur von der Aufklärung bis zur Romantik. Peter Lang, Frankfurt u. a. 1995.
Schottelius, Saskia: Sagen Sie doch, was Sie wollen. Überlegen kommunizieren. Mit den 24 Taoistischen Gesundheitsübungen. Oesch Verlag, Zürich 2009.
Schweppe, Ronald: Tao und Unsterblichkeit. Irisiana, München 1998.
Sharma, Robin: Life Lessons from the Monk Who Sold His Ferrari. London 2003.
Shepherd-Kobel, Katharina: Zen in der Kunst der Tuschmalerei. Theseus, Berlin 2005.
Shidoshi, Jordan und Juliana: Kyudo. Die Stille und der Pfeil. Budo International,
Siebert, Gunnar: Arnis, Escrima, Kali. Die Kunst der wirbelnden Stöcke. Weinmann, Berlin 1997.
Sivananda Yoga Vedanta Zentrum: Meditation. In zwölf Stufen zu mehr Gelassenheit und innerer Kraft. Südwest Verlag, München 2005
Späth, Thomas und Shi Yan Bao: Shaolin. Das Geheimnis der inneren Stärke. GU, München 2011.
Staudinger, Heinrich (Hrsg.): brennstoff. GEA Verlag, Wien.
Steiner, Rudolf: Der positive und der negative Mensch. Freies Geistesleben, Stuttgart 2010.
Stephan, Inge und Sigrid Weigel: Die verborgene Frau. Argument, Berlin 1983.
Stubbe-Diarra, Ira: Die Bedeutung des Wassers in den Religionen Asiens. In: Wasser in Asien. Elementare Konflikte. Hrsg. für das Asienhaus Essen, Osnabrück 1997.
Stummer, Gabi u. a.: Geschlechtergerechtes Grundgesetz. Via: https://sites.google.com/site/geschlechtergerechtesgg, Köln 2013.
Sunzi: Die Kunst des Krieges. Knaur, München 1988.
Tartaglia, Fiore: Der Pfad der Flexibilität. Spectra, Göppingen 2006.
Thich Nhat Hanh: Achtsamkeit mit Kindern. Herbig, München 2012.
Thich Nhat Hanh: Ärger. Befreiung aus dem Teufelskreis destruktiver Emotionen. Goldmann, München 2002.
Thich Nhat Hanh: Das Erblühen des Lotos. Ein Lesebuch. Theseus, Berlin 2000.
Thich Nhat Hanh: Das Wunder des bewussten Atems. Theseus, Stuttgart 1997.

Thich Nhat Hanh und Nguyen Anh-Huong: Geh-Meditation. Arkana, München 2008.

Thich Nhat Hanh: The Art of Power. Herder, Freiburg 2012.

Tohei, Koichi: Das Ki-Buch. Der Weg zur Einheit von Geist und Körper. Kristkeitz, Heidelberg, 2002.

Tohei, Koichi: Ki im täglichen Leben. Kristkeitz, Heidelberg, 2003.

Trias, Robert A.: The Pinnacle of Karate, Final Advanced Edition, Okinawan Karate Methods of Shuri Ryu. USA 1980.

Trömel-Plötz, Senta: Frauensprache: Sprache der Veränderung. Fischer, Frankfurt 1982.

Ungeheuer, Gerold: Kommunikationstheoretische Schriften I: Sprechen, Mitteilen, Verstehen. Hrsg. v. J. G. Juchem. Rader, Aachen 1987.

Urban, Peter: The Karate Dojo. Traditions and Tales of a Martial Art. Vermont & Tokyo 1967.

Villoldo, Alberto und David Perlmutter: Das erleuchtete Gehirn. Goldmann, München 2011.

Wallace, David Foster: Das hier ist Wasser/This is water. KiWi, Köln 2012.

Webster-Doyle, Terrence: Im Labyrinth des Feuerdrachen. Erzählungen der Meister der Leeren Hand. Ansata, Interlaken 1994.

Webster-Doyle, Terrence: Im Zentrum des Wirbelsturms. Erzählungen der Meister der Leeren Hand. Ansata, Interlaken 1998.

Webster-Doyle, Terrence: Facing the double-edged Sword. The art of Karate for young people. Weatherhill, New York & Tokyo 1998.

Webster-Doyle, Terrence: Karate. Die Kunst des leeren Selbst. Werner Kristkeitz Verlag, 1992.

Willey, Carol A.: Women in the Martial Arts. Northatlantic Books, Berkeley 1992.

Wittgenstein, Ludwig: Tractatus logico-philosophicus. Logisch-Philosophische Abhandlung. Suhrkamp, Frankfurt 1980.

Wohlfart, Günter: Zen und Haiku. Reklam, Stuttgart 1997.

Wolfrum, Peter: Taijiquan Prinzipien für Menschen in Unternehmen und Organisationen. BoD, Nordestedt 2010.

Xinran: Verborgene Stimmen. Chinesische Frauen erzählen ihr Schicksal. Knaur, München 2003.

Yen, Ming-Sun: Die Kunst der Berührung. Chinesische Heilmassage nach alter buddhistischer Tradition. Joy, Sulzberg 2002.
Yongey Mingyur Ringpoche: Buddha und die Wissenschaft vom Glück. Ein tibetischer Meister zeigt, wie Meditation den Körper und das Bewusstsein verändert. Goldmann, München 2007.
Yos Ruangsa: The Art of Muaythai. Thailand 2010.
Zen – Der wahre Weg. The Providence Zen Center, USA 1992.

Anstelle eines Nachwortes

Ich danke den Frauenbildungshäusern und ihren Mitarbeiterinnen dafür, dass sie Orte bilden, an denen Frauen ihren ureigenen Interessen und Bedürfnissen nach Wissen, Weisheit und Bewegung in einem besonderen Raum und Rahmen nachgehen können. Als ich in den 90er Jahren zum ersten Mal ein Frauenbildungshaus betrat, wusste ich sofort, dass dies für mich ein Ort für Heilung, Inspiration und der Visionen werden würde. Seit Ende der 90er Jahre arbeite ich aktiv als Referentin für Bildung und Bewegung in allen noch bestehenden Häusern wie dem Frauenbildungshaus Altenbücken bei Bremen, dem Frauenlandhaus Charlottenberg bei Limburg, der Frauenbildungsstätte Franzenhof in Brandenburg sowie dem Frauenbildungshaus Zülpich bei Köln.

Mein Dank und meine Bewunderung gelten den Frauen, die diese Häuser in den 70er Jahren und später gegründet haben, oftmals baubiologisch sanierten, viel in Eigenregie initiierten und seitdem in allen achtsamen Bewegungen und Aspekten wie Bio-Nahrung, gerechte Sprache, einkommensabhängige Seminargebühren etc. als Vorreiterinnen fungieren. Auch danke ich allen Referentinnen, die auf die ihnen eigene Weise die Seminarlandschaft für Frauen mit ihren speziellen Themen bereichert haben. Wir sollten uns der Seltenheit und Besonderheit von Frauenbildungshäusern bewusst sein, denn soweit ich weiß, gibt es diese Einrichtungen in keinem anderen europäischen Land, vielleicht sogar auch weltweit nicht. Bitte tragt durch eure Seminarbesuche, die Weitergabe von Informationen und euer Engagement zum Fortbestehen dieser Häuser bei und helft, sie auch für die nächsten Generationen von Frauen und Mädchen zu erhalten und auszubauen.

Saskia Schottelius

Sagen Sie doch, was Sie wollen!

Überlegen kommunizieren

Rhetorik bedeutet mehr als tausend Worte. Vielmehr geht es darum, ausdrucksstark und souverän zu bleiben – auch in schwierigen Situationen.
Wie es gelingt, sich schlagfertig mit Worten verteidigen zu können und dabei gelassen zu bleiben, zeigt die Autorin in diesem leicht und unterhaltsam geschriebenen Ratgeber. Gekonnte Rhetorik, die Körpersprache, die individuelle Präsentation und nicht zuletzt die offensive Selbstdarstellung werden in Wort, Bild und Skizze umgesetzt. Ein wunderbar hilfreiches Handbuch für selbstbewusste Frauen und Männer … und solche, die es werden wollen!

Mit den 24 Taoistischen Gesundheitsübungen

Herausgegeben vom Oesch Verlag
143 Seiten, mattlaminierter Pappband, Format 15,5 x 24 cm
1. Auflage 2009
Mit Farbillustrationen von Antje Meister
ISBN 978-3-0350-0056-6 Preis € 9,90
E-Book ISBN 978-3-0350-4002-9 Preis € 5,99

Link zum Werbefilm (2015) für »Sagen Sie doch, was Sie wollen«:
https://vimeo.com/sunflowerfoundation/review/121895267/3a4e008a89

Saskia Schottelius

Sagen Sie doch, was Sie wollen!

Überlegen kommunizieren

Oesch Verlag